日本管理会計学会
企業調査研究プロジェクト シリーズ No. 1
グループ経営専門委員会論文集

グループ企業の管理会計

木村幾也 編著

税務経理協会

日本管理会計学会　グループ経営専門委員会
共同研究者一覧　　（掲載順）

木 村 幾 也（岡山商科大学教授）　　　　　第 1 章

小 松 原　聡（株式会社三菱総合研究所）　　第 2 章

渡 辺 康 夫（知識創造研究所）　　　　　　第 3 章

松 尾 貴 己（神戸大学大学院助教授）　　　第 4 章

挽　　文 子（一橋大学大学院助教授）　　　第 5 章

河 野 充 央（広島県立大学教授）　　　　　第 6 章

企業調査研究プロジェクト・シリーズの刊行に寄せて

　日本管理会計学会では、創立10周年を迎えた年（2001年）を記念して、わが国主要企業の経営に関する現状を総合的・包括的に調査・研究するプロジェクト（企業調査研究プロジェクト）を実施することを決定しました。

　本学会は日本学術会議加盟の会計学関連学会として、研究基盤となる管理会計をはじめ財務会計・ファイナンス・経営戦略からナレッジ・マネジメント他におよぶ広範囲な領域において、先進的な研究活動を推進するという理念のもとにこれまで理論的な研究成果だけではなく、実務的にも意義深い研究成果を配信して参りました。

　本プロジェクトは企業における管理会計の実務を中心に、経営管理および会計実務の現状を広く調査し、その実態を解明することで、企業の再生の条件を科学的・実証的視点から探求することを主たる目的としています。

　その研究遂行に当たっては、本学会に企業調査研究委員会本部（委員長 片岡洋一）を設け、その中に領域別およびテーマ別の多くの専門委員会を組織し、各専門委員会には専門委員長のリーダーシップのもとで多くの学会員が参加し、それぞれの研究を遂行してまいりました。各専門委員長は企業調査委員会本部の委員になっています。またこのプロジェクトの全体を総括しながら実際に推進する役割は「総括委員会」（委員長 門田安弘教授）に委任してまいりました。この度、ようやく各専門委員会の研究成果を逐次刊行する運びとなりました。

　本プロジェクトの遂行にあたっては、IBMビジネスコンサルティングサービス株式会社（代表取締役社長 清水照雄氏）から格段の研究助成のご協力を頂いております。ここに深く感謝の意を表する次第です。

また本プロジェクトはその計画段階より本学会副理事長である倉重秀樹氏（日本テレコム株式会社　代表取締役会長兼社長）および本学会理事である中根滋氏（パワードコム株式会社　代表取締役社長）より格別のご厚意をもって協力していただきました。ここに深く御礼を申し上げます。

　本プロジェクトの遂行にあたり、4年を超える長期にわたり総括委員会委員長である門田安弘教授には多大なご尽力をいただきました。また、本学会関係各位にはこれまで一方ならぬご協力をいただいております。とくにこの度、本プロジェクトの初回の研究成果公表である本書の刊行を可能にした「グループ経営」専門委員会　委員長　木村幾也教授には多くのご協力をいただきました。

　また、各専門委員会の研究遂行に当たり、多くの企業関係者の皆様にアンケート調査や訪問調査等のご協力をいただきました。さらに、研究成果を本学会の専門書シリーズの形で逐次刊行して市販していくにあたり、税務経理協会の社長　大坪嘉春氏および峯村英治氏には格別のご配慮を頂きました。本書の印刷については株式会社　冨山房インターナショナルの会長坂本嘉廣氏に特別のご協力いただきました。これらの方々に心よりの感謝の意を表する次第です。

2005年1月10日

　　　　　　　　　　　　　　　　　　　　日本管理会計学会理事長　初代会長
　　　　　　　　　　　　　　　　　　　　企業調査研究委員会本部委員長

　　　　　　　　　　　　　　　　　　　　　　　　　片　岡　洋　一

序　文

　当委員会は、日本管理会計学会の創立 10 周年を記念して行われている「企業調査研究プロジェクト」の一環として、グループ経営の組織や構造とこの運営をどのように行っていくかという、現代企業経営の中心的課題に関し、わが国におけるその実態について解明を試みることを意図して研究を行ってきた。本書は、その結果である「グループ経営に関する実態調査」（付録 A および B）を基礎として研究された成果の一部を公表するものである。

　第 1 章では、グループ経営における管理会計上の問題について網羅的に指摘を行った。特にグループの実施する各種事業についていかなるセグメンテーションを行うか、またこれに基づいてどのようにサブ・コンソリデーションを行うかが重要であること、またグループ経営における近時の問題として本社機能の問題を取り上げている。これらは本実態調査の基本的な問題意識であると考えることができる。

　第 2 章では、特にグループ経営における事業連結体制、つまりサブ・コンソリデーションについて検討している。本実態調査の結果、子会社が必ずしもひとつの事業に特化していないこと（約半数）が事業連結における重要な問題点であることを発見している。しかし、中期事業計画と予算編成が事業連結で行われている企業は回答企業中の半数であることも発見されている。今後の展望として、戦略の実現はプロジェクトの形をとることが多いので、プロジェクト管理と事業連結体制との融合スキームを研究することが必要であると論じている。

　第 3 章では、グループ経営において、特に分社化が進んだ企業グループ

とそうでない企業グループの間で、マネジメント・コントロールの方式に違いがあるのかどうかについて問題意識を持っている。これについては、分社化が進んだ企業グループでは、本社によるコントロールが強化される傾向のあることが発見された。たとえば利益計画査定のガイドラインが本社単独で作られるとか、利益計画の目標値が割当型で決められるとか、業績によって関係会社を整理・統合する基準を持つなどである。

　第4章では、特に分権経営における業績評価指標について検討している。検証の結果は、「分権化企業」（社内分社制、純粋持株会社制などを採用している企業）では、それ以外の企業と比べて、事業部門が監査や特許関連の部門を持っている、本社機構として純粋持株会社や事業持株会社を導入している、社内金利制度を導入している、子会社の行う配当支払に基準を設けている、などの特徴があることを指摘している。その他の「傾向」としては、事業連結がなされている機能別部門を事業部門として有している、子会社は個別に外部金融機関から資金調達ができない、子会社にブランド料、経営指導料、その他本社費用の徴収責任が課されている、などの点が挙げられている。

　第5章では、日本における子会社の管理はどのように行われているかという点に関心が示されている。グループ経営において、事業持株会社制あるいは純粋持株会社制によって、子会社が本社内の組織単位とどのように違うものと意識されているのかが検討されている。日本の経営者は、一般的に言って、子会社は（事業部制に比べて）責任経営の意識を高めるとみて、より大きな権限を与えるものと考えられているが、他方では株式交換による完全子会社化も進んでいるので、どのようなあり方が正しいのかについて検討している。

　第6章は、グループ経営における海外事業展開に視点をおいている。筆者はグループ単位で包括可能な管理原則や特性等を論じるのではなく、政

治や国際経済をも範疇に含めて、社会技術制度のライフサイクルに基づく考察を行うという手法をとっている。グループ経営では権限の集中と分散をうまくバランスさせることが重要であり、環境査定をはじめとするマネジメント・コントロールのプロセスについて説いている。さらに、経済の成熟期に入ったわが国においては、魅力ある企業とは、国内に踏みとどまることのできる技術力を誇る実力派の企業か、もしくは国内生産と海外生産との棲み分けができるような製品を有している企業であるとしている。

　幸いにしてわが国を代表するグループ企業の多くからご支援・ご賛同をいただき、実りのある調査結果および研究成果を得ることができた。

　ここに、ご支援・ご賛同くださったグループ企業のかたがたに対して、深甚なる謝意を表し、かつ、このような機会を与えてくださった日本管理会計学会に対して心から感謝するものである。とりわけ本実態調査研究本部委員長、片岡洋一先生、ならびに統括委員長、門田安弘先生には、本実態調査研究のはじめの段階から、本書の刊行の全般にわたるまで一方ならぬご指導を賜った。

　記して心からなる謝意を表さねばならない。

　本書が、わが国産業界の発展のためにいささかなりとも役立つものであることを念じつつ筆を擱く。

2004年8月4日（岡山商科大学研究室にて）

日本管理会計学会
グループ経営専門委員会
委員長　木　村　幾　也

目　　次

第1章　グループ経営における管理会計上の諸問題 …… 1
- § 1　セグメンテーションの問題 ………………………………… 2
- § 2　サブ・コンソリデーションの実務的検討 ………………… 3
- § 3　グループ戦略計画の策定と執行担当会社 ………………… 5
- § 4　グループ内の経営機能の配置―本社機能の問題 ………… 7
- § 5　グループ経営における業績評価 …………………………… 15
- § 6　グループ経営における社内分社制度の問題 ……………… 16
- § 7　海外事業の問題 ……………………………………………… 18
- § 8　グループ経営における純粋持株会社の問題 ……………… 18

第2章　事業連結体制と今後の展望 …………………… 23
- § 1　戦略マネジメント・コントロールと事業連結 …………… 23
- § 2　グループ経営の基本フレームワーク ……………………… 25
- § 3　事業連結体制の確立状況 …………………………………… 26
- § 4　マネジメント・コントロールの実態 ……………………… 33
- § 5　事業連結マネジメントと今後の展望 ……………………… 42

第3章　グループ経営におけるマネジメント・コントロール
　　　　―分散と統合のマネジメント― ……………………… 45
- § 1　はじめに ……………………………………………………… 45
- § 2　「グループ経営に関する実態調査」の概要 ……………… 46
- § 3　分析の方法 …………………………………………………… 46
- § 4　仮説の検証 …………………………………………………… 48
- § 5　分析結果 ……………………………………………………… 61
- § 6　分析結果の考察と今後の課題 ……………………………… 62

第4章　グループ経営と業績管理指標 ································ 65
　§1　はじめに ·· 65
　§2　グループ経営における業績管理上の検討課題 ················ 65
　§3　研究アプローチと関連調査項目の概要 ························ 70
　§4　分析結果 ·· 73
　§5　まとめ ·· 81

第5章　グループ経営の現状と課題 ································ 87
　§1　はじめに ·· 87
　§2　グループ経営推進のための組織編成 ·························· 92
　§3　コア子会社の業績管理 ·· 96
　§4　おわりに ·· 105

第6章　戦略的グループ経営と管理会計 ························· 109
　§1　論理展開のベース ·· 109
　§2　戦略的グループ経営と海外事業展開―連結経営への外生要因― 114
　§3　グループ経営管理と管理会計の役割について ··············· 118

付　録（A） ·· 129
付　録（B） ·· 139

第1章　グループ経営における管理会計上の諸問題

岡山商科大学　木　村　幾　也

　グループ経営はいまや企業経営の最大関心事である．このことには幾つもの理由が考えられるが，ひとつには，企業の合併・買収などによる大規模化と，分社化等によるグループ化を通じて，一般に企業経営の組織構造が複雑化してきたことをあげねばならない．

　過去30－40年間に多くの企業が，市場における優位性を獲得する目的等のために，合併や買収などを繰り返してきた．また他方では，経営管理上の必要性等から，いわゆる分社による子会社化が行われてきた．その帰結として，当然ながら関係会社の数や規模が増大し，その地域も世界の隅々まで広がった．

　そして，これを経営管理する組織も大規模化・多層化・複雑化の一途をたどった．このような大規模化と多層化・複雑化がグループ経営の必要性をもたらしたひとつの理由である．

　また，いまひとつには，証券市場の国際化によって惹き起こされた外国人によるわが国証券市場への投資の増加がある．東証の株主分布状況調査（全国証券取引所〔2003〕）によれば，1989年（平成元年）には外国人投資家の投資残高は市場価格ベースで4.2%に過ぎなかったが，2000年には18.8%に達した．その後やや減ったが2002年には17.7%となっており，特に2003年1月から6月末の東証委託者別売買代金では，外国人が実に48%（通年では47%）を記録している．

　このような外国人投資家のわが国企業へ投資意欲は，わが国企業の発行する連結財務諸表への関心の高まりとなり，このことが日本の会計基準の見直し，

もしくは国際的に認められるような会計基準の採用による，財務報告の透明性が一層求められるようになってきた理由のひとつと考えられる．もちろん国際会計基準への世界的な関心の高まりもこれに拍車をかける結果となった．このような状況の下で連結財務諸表の主要財務諸表化が実施され，連結業績こそが主要な業績と考えられるようになった．つまり連結財務諸表の内容の充実，すなわちグループ経営の充実が，各企業にとって必須の重要事項となった．

こうしてグループ管理会計の重要性が一段と高まったのである．

近時のグループ経営における管理会計情報について，このたび，日本管理会計学会においてわが国企業の実態を調査することとなった．本稿では，当「グループ経営専門委員会」が，この趣旨に沿って行った「グループ経営に関する実態調査」の報告書（本書129ページ以下に記載：以下「本実態調査」と略称する）に関連する幾つかの問題点を列挙して検討する．

§1 セグメンテーションの問題

いかなる基準に基づいて全グループをセグメント化するかということは，元来管理会計上の問題と考えられてきた．財務会計の観点からは，わが国では，1988年に公表された「セグメント情報の開示基準」に基づかねばならぬことになってから，広く実務に取り入れられるようになった．管理会計情報としては，従前から製品別・地域別・部門別等の業務区分別会計情報が多用されてきた．「セグメント情報の開示基準」が公表されて以来，多くの会社では，事業部制やカンパニー制のような経営組織とセグメンテーションの問題とを結びつけることによって，財務会計基準の要請に応え，同時に管理会計情報のなかの大きな区分情報の問題を解決してきたと考えられる．Rayney はこの問題を Divisionalisasion という側面から検討している（Rayney, 1995）．

会計情報の統合という面から考えれば，会社内の分権組織がそのまま財務会計上もセグメントとなる（管理会計上はもちろん）という形で，財務会計と管理会計の統合が実施されるようになってきたと考えることも出来る．製造業で

あれば，製造活動と経営組織と基本的セグメントが一致するのはむしろ当然であるが，製造活動以外の経済活動，たとえば，マーケティング活動やサプライチェーンの経営活動については経営組織と管理会計上のセグメントはもっと多様でありうる．したがって，製造業以外の業種，すなわち商業やサービス業や金融・保険業などでは業務と管理会計情報に多様な関係が考えられる．

さらに，事業部別またはカンパニー別などのような組織レベルでの利益計画情報や経営統制情報ではなく，たとえばこれらをクロスする管理会計情報をどのような業務区分別に構成するか，どのように細分して情報化するかという問題が経営管理上重要であると考えられてきた．

そもそも，管理会計上のセグメンテーションは，経営組織と関連させつつもより細分化すべき問題として論議されてきた．たとえば，経営組織が地域別事業部制をとっている場合の製品別貢献差益分析や，製品別事業部制をとっている場合の地域別分析，さらに顧客別分析などはその好例である．つまり管理会計上のセグメントは，原則的に経営組織の如何によって特定しうるものではないし，本来，経営者・経営管理者の必要性に応じて多様である．したがって，この問題についての解答は，グループ経営に関する管理会計研究の課題としてまさしく重要であって，実務上もそれぞれの会社ごとに異なるセグメンテーションの基準が存在し得る．

セグメント別の会計情報の有用性に着目して連結会計システムと管理会計情報を結びつけたのは米国のフルーア社であった．同社によれば，1970年にはすでにFP-70なる統合会計システムを作成し，Sub-ConsolidationもしくはFunctional Consolidation（機能別連結）と呼称して月次に報告書を作成し実用に供していた（木村幾也，1975）．

§2 サブ・コンソリデーションの実務的検討

グループ管理会計においては，連結会計情報つまり，グループ全体を1単位とする損益計算情報のような財務情報は，経営管理のためにはほとんど役に立

たない．経営管理のためには，個別の子会社・関連会社単位の情報ももちろん重要ではあるが，セグメントレベルの計画情報や統制情報がより一層重視されることはいうまでもない．このため，グループの行う事業を一定の基準（たとえば生産する製品の種類別，提供する用役別，販売地域別，市場別，顧客別等）に基づいてセグメント化し，その区分ごとに収益・費用の分析を行うことが一般に行われている．

セグメンテーションを行うということは，そのセグメントごとに管理会計情報を集計することを意味する．一般に，広い意味では，セグメントは実際の経済的行為を行う経営組織と基本的には一致する．しかし管理会計情報のセグメントはさらに一層細部にわたることが多く，またそうすることによって一層その有用性が増加する．したがって，各種のセグメントを単位としてサブ・コンソリデーションを行った結果得られる会計情報は，グループ経営にとって主要であり，かつ必須の管理会計情報である．グループ本社内の分権組織，すなわち，事業本部，事業部，カンパニー等とこれに関わる子会社・関連会社の会計情報を区分した連結会計情報を原則として月次に作成する．この場合，問題となるのはサブ・コンソリデーションの対象範囲とセグメント設定の基準である．カンパニー制や社内資本金制度を導入した事業部制の場合には，損益項目ばかりでなく貸借対照表項目をも対象として，負債・資本項目も連結することが行われる．（米国の事業部制は，ほとんど貸借対照表を備え，資本効率まで測定できるインベストメント・センターであるという（渡辺茂，1999）．

その他の場合，つまり社内資本金の確定が行われていない場合には，負債・資本項目は除外して損益項目だけを集計するしか方法はないし，サブ・コンソリデーションの目的が，たとえば製品別の収益性分析のみであればそれで十分であろう．この場合には，少数株主持分の問題がないから，子会社ばかりでなく，関連会社等の業績も容易に算入することが可能となり，たとえば製品別売上高の計画やこれに基づく製品別生産量の計画も策定することが出来る．特に戦略計画を策定するに当たっては，セグメント別の業績評価会計情報すなわち利益計画情報や予算対実績情報が有用とされる．しかしながら，投下資本と業

績との関連性を問題とすれば，セグメント別に資本計算の可能なことが望ましいことは言を俟たない．

とりわけ，サブ・コンソリデーションの計算構造は，本社事業部等とこれに関連する子会社を含むものであるから，その連結範囲内の内部利益は原則的に消去されねばならない．しかも，サブ・コンソリデーションの目的は，セグメントレベルでの業績評価を有効に行うことにあるから，特定のセグメントすなわち，特定の本社組織とこれに付随する関係会社グループの業績を明確に表示するものでなければならない．そのために，同一のセグメントに属するグループ内の取引は消去し，最終的にはこれに基づく内部利益も除去しなければならない．このように，サブ・コンソリデーションの計算構造では，セグメントをあたかも一個の独立の会計主体として取り扱う．つまり同一のセグメントに属する関係会社間に取引利益（グループ内取引に基づく内部利益）があればこれを消去するとともに，同一関係会社内部の取引でも，他のセグメントに属する（グループ内取引に基づく）内部利益があっても（セグメント別利益の計算に当たっては）これを消去しない．

かくして，グループ内の会計基準を統一することの重要性は，以前から筆者等も述べてきたところである(たとえば，木村〔1993〕，327-328頁)が，会計実務のIT化に伴って，当然広く実務界に行われているものと考えられる．ところが現実には，今回の「グループ経営に関する実態調査」の回答会社のような先進的と考えられる企業の回答にも「グループ内統一のERPの必要性」といった問題の指摘が見られた．当然ながら，グループ経営構造の拡大や縮小に伴って，会計基準の統一が損なわれたり，補修が行われたりするのが実情であろう．

§3　グループ戦略計画の策定と執行担当会社

グループ経営においては，本社が戦略的見地からグループの事業構造問題を検討し続けることは必須である．グループ本社の行う経営管理はグループの経

営構造を常に観察し，これを適切なものに改善するところにその中心的課題がある．そのためには，グループ経営者はもちろん，グループ本社の戦略計画部門の担当者等は，グループの行う事業についてあらゆる単位の業績を常時観察し，各種情報を収集しなければならない．グループの規模が大規模化すればするほど，その戦略計画の策定や改善にかかる情報収集の範囲や集約の程度も大規模かつ煩瑣なものとなることは当然である．

グループ企業全体を経営管理するのは，グループ企業の中枢となる親会社もしくは中心企業であって，純粋持株会社かもしくは事業持株会社である．純粋持株会社の場合，その目的は株式所有によって他の会社を支配することにあり，その支配は従属会社の株主総会での議決権を通じて行われる，と考えるのが一般的である．ところが，たとえばあるグループ会社が策定した戦略計画について，これを実施するよう子会社・関連会社に提案する場合を考えると，いちいち株主総会の議決によるものとは考えられない．親会社取締役会の指示によって計画が実施されると考えるのが一般的である．当然，形式上は子会社・関連会社の取締役会が決裁すべき問題ではあるけれども，実質的には株主たる本社の戦略計画担当部門の策定した計画に他ならない．したがって株主総会での議決権ではなく，これを基礎とした経営権を親会社の取締役会（子会社株主＝所有者）はもつのである．つまり所有者（株主）による経営に他ならない．

このように，規模の大小に関わらずグループの戦略計画を策定することは，グループ本社に課せられた最大の任務である．グループの長期ヴィジョンに基づいてグループの事業構造を構築した成果は，通常，長期利益計画，長期資金計画に現れる．グループ経営では，事業執行部分の組織を子会社や関連会社とすることによって，新規事業への参入や既存事業分野からの撤退が比較的に容易であるとされてきた．

ところが，そもそも戦略計画が本社の専権事項であるからといって，また，マネジメント・コントロールが本社にゆだねられているからといって，戦略計画の初めから出来上がりまで全てを本社の組織で済ませてしまうことが可能もしくは適切であろうかという問題がある．戦略計画にかかる実施部門の意見を

どの段階で取り入れるかは，グループ経営の実務では重要な事項である．もちろん戦略計画の策定に関わる情報の中心は管理会計情報であるが，策定された戦略計画に基づいて行われた実施活動に関するコントロール情報を提供するのも管理会計の任務である．そこで，本実態調査では，グループの戦略計画の立案にあたって子会社・関連会社が関与するか否かについて質問し，これをまとめた．本実態調査の§3ないし§4ではこの問題に関わる事項を取り扱っている．

§4　グループ内の経営機能の配置—本社機能の問題—

　従来，本社費はもっとも削減しにくい固定費と考えられてきた．本社各部門が経営管理の中心であるばかりでなく，諸法令や諸制度への対処，対外関係の処理といった中枢の仕事を全て担ってきたことなどから，インプットとアウトプットの対比による効率の測定が困難であったことが大きな理由である．特にアウトプットたる諸情報の価値計算が行われることはなかった．しかし，バブル期に膨張した本社費の削減は，他の項目（つまり製造原価や流通費など）の原価削減に成功した企業にとっても，残された大きな課題となってきた．

　本社費を事業部やカンパニーや子会社に配賦するにあたって，配賦基準や計算方法を精緻化し，各単位の業績評価を厳密化することも重要である．しかし，本社費の実際発生額そのものに無駄や改善の余地ある部分があれば，この不能率部分を含んで配賦が行われることとなる．バブル期に肥大化した本社機能を根本から見直さなければ真の業績評価を行うことはできない．そこで考えられたのが本社費の発生源である本社組織もしくは本社機能の再検討である（東京都産業労働局産業政策部調査研究課，2003）．

　この場合，多くの企業では，本社機能とされてきたものを一括して考えず，幾つかに分別する．たとえば，①全社的・全グループ的な観点から戦略計画の検討や立案，各種資源の配分にかかる意思決定機能であるか，②全社的・全グループ的な観点から法や諸制度の遵守，経営品質を維持し向上させる機能であるのか，③オペレーショナルな部門へのサービス機能であるのか，を分別して，

機能ごとに，(イ)グループのいずれの部門・子会社・関連会社に配置すべきか，あるいは(ロ)どこに集中すべきか，また，(ハ)アウトソーシングを行うことが可能かどうかを検討する．グループ本社内ばかりでなく，子会社・関連会社を含めた全グループについて行うのである．すなわち，グループの構成概念を根本的に見直し，本社とこれに従属する子会社・関連会社群といった旧来の考え方を捨てて，中核企業とグループ構成企業群という新しい考え方に移行してきたのである．オムロン㈱の報告は参考になる（高橋信治ほか，2002）．

シェアード・サービスの経営技法はこの考え方に基づくものである．従来，本社機能といわれてきた各機能について，その中身を再検討して，機能部門の所在はグループの中でもっとも効率的な場所に集中する．場合によっては子会社化すると同時に機能集中して，原価も削減するという考え方である．このように本社機能は再検討されて，マネジメント・コントロールに必要な機能に特化されることとなる（園田智昭，2001）．

かかる検討の結果，業種・業態によって本社機能の構成も内容も異なってくることは当然であるが，基本的に本社機能は，グループ構造の検討と検討結果の施策，戦略の構築と戦略的投資の実行とその結果の観察（グループの業績評価つまりグループの経営計画と統制），グループ企業間の事業に調整の必要あればこれを行うこと，IR機能，経営者の配置，研究開発，情報管理，および内部監査くらいに絞られる．

こうした過程を通じて，シェアード・サービスの経営手法が取り入れられ，本社はグループの統合と戦略計画と経営管理に徹し，オペレーショナルな業務は事業部やカンパニーや子会社・関連会社において行われるように組織構造を見直す．かくして，事業の執行は事業部・部門やカンパニーにあるいは子会社・関連会社において行うという体制作りが，先進の企業グループでは，検討され実施されている．

しかし重要なことは，いついかなるときでも必要な業績情報等に到達できるという問題であって，そのためのグループ内情報システムの構築が前提となる．したがって，グループ内統一会計基準は当然のことである．究極的には純粋持株

第1章 グループ経営における管理会計上の諸問題

会社の経営組織かまたはこれに近似のものとなることが考えられる.

かかる観点から，本社機能について，本実態調査に現れた幾つかの事例を見ると以下のとおりである．残念ながら本実態調査報告書では，紙幅の都合からその全貌を詳らかにすることはできなかったが，典型的な事例をピックアップすれば，以下のとおりである．

【事例1　輸送用機器メーカーA社】

各機能の配置／経営機能部門	イハニにある	イニにある	ロニにある
経営企画部門		○	
経営情報部門			○
IR部門			○
人事部門	○		
製造統括部門	○		
販売統括部門	○		
マーケティング部門		○	
与信部門			○
経理部門	○		
財務部門		○	
経営法務部門		○	
特許部門		○	
監査部門			○
内部監査部門			○
研究開発部門		○	
購買部門		○	
物流部門		○	
関係会社管理部門		○	
海外事業担当部門		○	
所属する部門数合計	4	10	5

（イ）本社共通部門としてある
（ロ）社内事業部門にある
（ハ）事業部が管理する会社にある
（ニ）コア（中核）子会社にある

　輸送用機器のメーカーとして，わが国を代表するこの会社では，コアとなる子会社中心に機能部門が配置されている．すなわち（イ）のみに存在する部門はゼロで，（イ）と（ニ）が10，（イ）（ハ）（ニ）にある部門が4，（ロ）と（ニ）にある部門が5，である．

　（ニ）のみに存在する部門はないが，（ニ）には全ての部門が存在する．同社は持株会社に移行する構想を持っているが，まだ持株会社ではない．しかし，本社機能からみると，すでに持株会社化の体制作りに着手し進行していると考えることができる．

【事例2　金融会社　B社】

各機能の配置 / 経営機能部門	イのみにある	ハのみにある	ロのみにある
経営企画部門	○		
経営情報部門	○		
ＩR部門	○		
人事部門	○		
製造統括部門			
販売統括部門			
マーケティング部門			○
与信部門			○
経理部門	○		
財務部門	○		
経営法務部門	○		
特許部門	○		
監査部門	○		
内部監査部門	○		
研究開発部門			○
購買部門	○		
物流部門		○	
関係会社管理部門			○
海外事業担当部門			○
所属する部門数合計	11	1	5

　旧財閥系の大型銀行で，本社中心型と考えることができる．(イ)すなわち本社共通部門としてのみ存在する部門が，経営企画部門以下11部門ある．(ロ)社内事業部門のみにある5部門と，(ハ)事業部門が管理する子会社にある1部門を除いて，全てを本社に集中させている．(現在，純粋持株会社の完全子会社となっている．)

【事例3　非鉄金属　C社】

各機能の配置＼経営機能部門	イのみにある	ロのみにある	イとロにある
経営企画部門	○		
経営情報部門	○		
ＩＲ部門	○		
人事部門	○		
製造統括部門		○	
販売統括部門		○	
マーケティング部門		○	
与信部門			○
経理部門			○
財務部門			○
経営法務部門	○		
特許部門	○		
監査部門	○		
内部監査部門	○		
研究開発部門	○		
購買部門	○		
物流部門	○		
関係会社管理部門	○		
海外事業担当部門			
所属する部門数合計	12	3	3

海外鉱山開発で先行の総合非鉄会社で，旧財閥系の会社である．経営機能の配置から見る限りでは，製造，販売，マーケティングを除けば，すべての機能は本社に集中している．すなわち，(イ) 本社のみにある部門が経営企画ほか12部門あり，(ロ) 社内事業部門にのみあるのが製造統括部門，販売統括部門，マーケティング部門の3部門，(イ) 本社と(ロ) 社内事業部門の両方にある部門が，与信部門と経理部門と財務部門の3部門である．明確に事業部門(6部門)技術本部(1部門)と本社機能部門(12部門)とが分かれており，海外事業は各事業部門が統括している．

【事例4 食品製造会社E社（純粋持株会社）】

経営機能部門＼各機能の配置	イのみにある	ニのみにある	イとニにある
経営企画部門	○		
経営情報部門	○		
ＩＲ部門	○		
人事部門		○	
製造統括部門		○	
販売統括部門		○	
マーケティング部門		○	
与信部門		○	
経理部門			○
財務部門			○
経営法務部門			○
特許部門		○	
監査部門			○
内部監査部門			○
研究開発部門		○	
購買部門		○	
物流部門		○	
関係会社管理部門			○
海外事業担当部門		○	
所属する部門数合計	3	10	6

　この会社は純粋持株会社である．本社（イ）のみにあるのは，経営企画と経営情報とＩＲの3部門のみである．経理，財務，経営法務，監査，内部監査，関係会社管理の6部門が本社とコア子会社（ニ）に存在している．コア子会社のみにあるのは，10部門で，人事，製造統括，販売統括，マーケティング，特許，研究開発，購買，物流，海外事業担当の諸部門である．これら10部門は本社には存在しない．一方，コア子会社には，本社にある3部門を除いた全ての部門が存在していることとなる．
　完全に分権化と機能部門の所在場所改革が行われており，典型的な純粋持株会社の組織と考えられる．

【事例5 電気機器メーカーF社】

各機能の配置 経営機能部門	イロハニにある	ロハニにある	ニのみにある	イのみにある	イハニにある	イロニにある	ロニにある
経営企画部門	○						
経営情報部門	○						
IR部門				○			
人事部門	○						
製造統括部門			○				
販売統括部門			○				
マーケティング部門							○
与信部門		○					
経理部門	○						
財務部門				○			
経営法務部門	○						
特許部門				○			
監査部門				○			
内部監査部門					○		
研究開発部門						○	
購買部門		○					
物流部門			○				
関係会社管理部門				○			
海外事業担当部門							
所属する部門数合計	5	2	3	5	1	1	1

　わが国を代表する先進技術の電気機器メーカーである．本社よりもコア子会社にある本社機能部門の数が多い．すなわち本社のみにあるのは，IR, 財務，特許，監査，関係会社管理の5部門に過ぎず，他の（ロ）（ハ）（ニ）と共通する部門を入れても12部門である．これに対して，（ニ）のみに存在するのは，製造統括，販売統括と物流の3部門であるが，（ニ）に存在する部門は，経営企画，経営情報，人事，経理，経営法務など13の部門に及ぶ．したがって，この会社もグループ経営の中心を本社に置きつつも，持株会社化をにらんでコア子会社に重点を置き始めているといえよう．

§5　グループ経営における業績評価

　業績評価を効果的に行うには，権限委譲が明確に行われ，かつその細分化に十分な注意が払われていることが重要な鍵となる．グループ全体の業績評価は，究極的には頂点に立つ企業の連結業績によらねばならない．しかし，経営管理上の有用性という観点からは，連結会計の最終結果では経営業績の改善にはほとんど役に立たない．業績評価会計情報の有用性はその細分化の技法いかんにかかっているといって過言ではない．つまり全社的な業績評価会計情報をいかにブレークダウンして改善の意思決定に役立つものにするかが，グループ経営における業績評価会計の重要問題である．

　本実態調査では，グループ企業の中身をまず本社とグループ企業に分け，次いでそれぞれの事業評価と組織業績評価について問うている．

図表1-1　グループ業績評価の構成

```
                    ┌ 事業評価 ………………………………… 財務数値13項目
          ┌ 本社    │                   ………………………… 非財務数値14項目
          │ (親会社) │              ┌ 事業部門          同上
          │         └ 組織業績評価 ┤ 販売機能部門      同上
          │                        │ 生産機能部門      同上
グループ   │                        └ 共通部門          同上
業績      ┤          ┌ 事業評価                         同上
          │         │                          ┌ コア会社      同上
          │ グループ │              ┌ 事業会社 ┤ 
          │ 企業    │              │           └ ノンコア会社  同上
          │         │ 組織業績評価 ┤           ┌ 販売子会社    同上
          │         │              │ 機能子会社│ 生産子会社    同上
          │         │              │           │ 用役子会社    同上
          │         │              │           └ 金融子会社    同上
          │         │              └ 海外子会社                同上
```

質問票では，財務数値は売上高をはじめとする 13 項目，非財務数値はシェアをはじめとする 14 項目および「その他（各社独自のものを具体的に記入）」からなっているが，これらのそれぞれについて，絶対額をとるか，対前期伸び率をとるか，目標達成率をとるかのいずれかまたはこれら項目の組み合わせについて問うている．このような業績評価の基準については，わが国においても議論が尽くされた感がある．

上記の実態調査結果は本書の付録（B）に掲載されており，また本書第 4 章でこの問題を取り扱っているので参照されたい．

§6　グループ経営における社内分社制度の問題

グループ経営における管理会計情報にとってもうひとつの問題は，社内分社制度の問題である．社内分社制度（カンパニー制に代表されるが，必ずしも呼称はこれに限らない．たとえば，グループ制，部店別独算制，ＳＢＵ業績管理制，社内分社制など様々である）はグループ経営にとってひとつの重要な命題である．

従来から，関係会社管理会計ないしはグループ経営の管理会計では，親会社と子会社・関連会社をその範疇としてきた．一部の論者を除けば，筆者を含め大方は，事業部制の管理会計はもとより，カンパニー制の管理会計については，別個の固有の問題として取り扱ってきた．しかし，グループ経営の中の重要なテーマとして，カンパニー制を取り上げなければならない程度にまで，カンパニー制が普及し始めている．ちなみに，2000 年 4 月に筆者等が報告した「カンパニー制に関する実態調査」（木村・市村・高橋〔2000〕）では，51 社が採用していたが，2003 年 8 月に筆者が調べたところでは，社内カンパニー制（またはこれと同様の社内分社制）を 113 社が採用している．しかもカンパニー制を採用する企業は大規模会社であることが多い．

社内資本金制度を導入した事業部制と，カンパニー制では，管理会計上本質的に異なることはないから，これらを区別することは不必要であるとする論者

もある．つまり，管理会計上あるのは，社内資本金制であって，カンパニー制はこれと区別することはないとする論である．ところが，筆者らがしらべたところ（前掲，木村他〔2000〕）では，社内資本金制を導入済みの事業部制から，カンパニー制へ移行した10社中すべての会社が，事業部制に社内資本金制を導入したものとカンパニー制では，本質的に異なるという回答をしている．いったいどこがどのように異なるのか，その点について記述を求めたところ，回答は二つに絞られた．「大幅な権限委譲」と「持株会社を睨んでの経営組織の変革」である．特に後者についていえば，各カンパニーの自己完結性を高めることが重要な違いである．

具体的には，従来から本社機能とされてきた「総務部門」，「人事部門」や「経理部門」の機能についても，組織変革に際して各カンパニーに必要な部分を割譲したり，各事業部門やカンパニー，子会社・関連会社に分散していたものを集中したりしてグループ経営の構造改革を実行した企業も多い．本章の§4で述べたように，このことを全グループ的観点から根本的に行うのである．したがって，従来のような単純な計算制度としての社内資本金制度を導入した事業部制会計とはまったく異なるものと考えることができる．つまり本社の構造や機能が異なり，組織も権限も異なったものとなる．加えて本社費の範囲や金額の大きさも根本的に変わってくるということとなる．

さらに各事業について組織を組替えると同時に，各事業にかかる戦略機能を大幅にカンパニーに委譲しているという問題がある．投資権限の大幅な委譲は，その結果もたらされる管理可能費と管理不能費の区分に影響を与えることとなる．つまり投資権限の大幅な委譲と，本社機能のうち必要部分のカンパニーへの移しかえが行われているということは，管理会計的に見れば，管理可能利益の計算範囲の移動につながることとなる．本章の§4で述べるとおり，計算方法の相違ではない，計算範囲の相違である．

特に事業部制との相違点について着目すれば，単なる計算上の利益管理制度であった事業部制から，組織の肥大化，重層化に伴う非効率を回避し，経営の単位を小さくして責任の所在を明確にするとともに意思決定の迅速化をはかる

ことを目途として，各種の分権化すなわちカンパニー制や社内分社制さらには子会社・関連会社によるグループ経営が一層進んでいると考えねばならない．

§7　海外事業の問題

　海外事業については，現地の法制や政治状況・雇用状況などのように現地事情に関する特殊問題をのぞけば，各会社に共通する問題は，第1に，貨幣単位および外国為替管理にまつわる諸問題と，第2に，取引価格に関するArm's Length Transactionsの問題，とりわけグループ内貿易取引にかかる振替取引価格や移転価格税制の問題がある．これらの問題はわが国のグループ経営にとっては看過することのできない重要問題である．

　しかし，当委員会の実態調査にかかる設問に際して，これら海外事業にかかる問題意識をまったく欠いていた点を反省せねばならない．主な理由は設問量の関係からだが，大きく割愛してしまった．わずかに問4のロ，問4のホ，問13，問27の13で扱っているのみである．この点からみて当委員会の実態調査設問は及第点に未達であり，他の委員会の実態調査に俟つしかない．唯一の救いは第6章で河野充央氏がこの問題を真っ向から取り上げてくれたことである．

§8　グループ経営における純粋持株会社の問題

　わが国では戦後50年間におよぶ持株会社禁止の時代があったので，果たして純粋持株会社がグループ経営の究極の姿なのかどうか（というよりもひとつの選択肢としてどの程度有効であるか）は未解決の大きな問題であると考えねばならない．

　グループ企業の形成や発展を持株会社形態で行うことが，経営上好結果をもたらすと考えられるのは，統合化されかつ分権化された経営組織が，効率の良い組織体として適切に経営管理される場合である．

　とりわけ純粋持株会社自体について，経営業績の評価は株式の含み益や連結

損益の増減による自己資本の増減を測定することによって行われるが,純粋持株会社の事業は,その子会社・関連会社が行うので,本社たる持株会社の経営成果の良否は事業を行う子会社・関連会社の業績のいかんによる.

そもそも持株会社の利点は,① 持株会社の本社は経営戦略に専念し,事業会社は事業に専念することができる,② グループの構造を組み替え易い,③ 合併に比して事業会社相互の独立性を尊重しやすい,④ 本社費の配賦が必要でないから業績評価がいっそう厳密に行われる,⑤ 国際租税条約,関税障壁などのほか稼得利益の処分または送金可能性ついて持株会社が有利な場合がある〔Dolan, D.K. and Walsh, M.F., 1995〕などのようなことが挙げられる一方,事業部制やカンパニー制に比して,① グループとしてのシナジー効果の面で不十分な場合がある,② いわゆるコングロマリット・ディスカウントの問題は避けて通ることができない(渡辺茂,1999)などの問題点があることも知られている.

しかし,管理会計上重要な問題は,純粋持株会社における管理会計情報の組成や品質が,事業持株会社における場合といかなる点で異なるかにこそあるのであって,これを論じなければあまり意味がない.この点については,残念ながら本実態調査でも明らかにすることはできなかったし,また,この問題について,これまでに明確に取り扱った論者はないようであるから,研究者はこぞってこの問題を取り扱うべきである.

この問題について,現時点までに筆者が考える管理会計上の問題は以下のとおりである.

① 価格決定の問題……事業部制やカンパニー制など社内分社の場合には,振替取引や社内金利のような社内取引である取引も,持株会社の親子間,子会社相互間の取引はすべて対外取引である.グループ内調達とグループ外販売という考え方も一層重要性を増すが,グループ内では広告費・集金費・交際費の不要なことが価格決定の基礎となる.

② 業績評価の問題……社内分社の場合には,本社費のほか社内金利,配当負担金,税金負担金等の計算も重要であったが,持株会社では,子会社は配当

金を支払うとともに，契約に基づく金利や経営指導料，広告費分担金，特許権，ノウハウ，商標権使用料などを支払う．したがって業績評価会計は一層明瞭性を増す．

③ キャッシュ・フロー管理の問題……資金調達を本社で行う場合には，本社との間に金銭消費貸借契約を結ぶことも行われる．

④ Arm's length transactions の問題……特にグループ内輸出入取引のある場合等には，契約のフェアネスの追求や証明が必要となる．

⑤ グループ形成の基本問題……「ケイレツ」は悪であるが「アライアンス」は良いという考え方は疑問であり，この解明も必要である．

⑥ 経理規定統一の問題……組織の分化と情報の統合化は表裏一体の関係にある．経理規定の統一は当然のこと，グループ内部監査の重要性は一層高まる．

⑦ コーポレートガバナンスの問題……経営技法，技術的機密，経営機密の真の所有者は誰かが問題となる．

⑧ 企業価値測定の問題……M&A が一層行い易くなって来る．多角化進出の容易性や合弁・資本参加の容易性が増すとともに，事業評価の重要性が増す．

⑨ 環境への組織順応の問題……本社機能の重要性，とりわけ本社における経営戦略の策定能力が一層重要性を増す．

参考文献

Dolan, D. K. and Walsh, M. F. 1995, Use of Holding Companies in International Tax Planning, *Taxes,* Dec.

木村幾也．1975.「関係会社会計の管理会計的諸問題」会計　107-4.

木村幾也．1993.「関係会社管理会計」中央経済社．第 7 章．

木村幾也・市村　巧・高橋邦丸．2000.『社内カンパニー制に関する実態調査』報告書，岡山商科大学．

Rayney , Peter. 1995. *Divisionalisation of Corporate Group.* Transactions Group Company Structure,　FT Law and Tax.

園田智昭．2001.「子会社方式によるシェアード・サービスの導入」三田商学

研究．44-3．

高橋信治・赤松広一．2002．「シェアード・サービスの構築と活性化」Business Research, No.942．

東京都産業労働局産業政策部調査研究課．2003．「企業の本社機能変容とその影響に関する調査報告」東京都

渡辺　茂．1999．「分権化で問われる総合型企業の本社機能」知的資産創造，野村総合研究所．4月号．

全国証券取引所．2003．「平成14年度株式分布状況調査の調査結果について」全国証券取引所．

第2章　事業連結体制と今後の展望

株式会社三菱総合研究所　小松原　聡

§1　戦略マネジメント・コントロールと事業連結

1.1　情報開示と事業連結

　日本の企業グループによる事業活動が多角化・グローバル化するに伴い，企業単体としての業績だけでは事業の真のパフォーマンスが測れなくなっている．企業グループが関与している連結事業領域ごとにリスクとリターンが正確に把握されていることは，経営者・投資家の双方にとって重要な課題である．そのため，日本の決算制度も2000年3月期からはグローバル・スタンダードに近づくことを目指して，会計情報に関する企業情報の開示は連結財務諸表が中心となり，また従来開示されていたセグメント情報に関してもその内容がより一層充実される方向にある．

　充実したセグメント情報の開示が行われるための前提としては，十分に機能し得るセグメント別管理会計システムの存在が必要であり，セグメント情報の開示を視野に入れた管理会計システムの構築や管理会計システムと財務会計システムの整合性の確保を意識した仕組みの構築が重要となる（佐藤成紀, 2000）．特に，マネジメント・アプローチが導入されるようになってからは，経営者がグループ企業を運営・管理するために用いる内部的な管理区分単位の情報と，外部情報開示向けのためのセグメント情報がより整合するようになってきている（嶺輝子, 2002）．このようなセグメント情報は当然のこととして，連結情報であることが求められる．

1.2 戦略単位の再定義

単に制度会計的要請からの情報開示への対応だけではなく，経営が環境変化に対して迅速にかつ適切に対応できるようにするための戦略マネジメント・コントロールという観点からも，事業や組織のセグメンテーションとそれらの情報に関するサブ・コンソリデーションの重要性が高まっている(木村幾也,1999)．戦略単位ごとに関係するグループ内の諸活動を連結で管理・運営できる仕組みの構築が強く求められている．その際，事業・機能・地域といった多次元的な組織構造を持つグローバル企業においては，戦略単位に従ってセグメントを再定義することと，グループ本社の機能強化を中心とした業績評価体系を再構築する視点が重要になる（挽文子，2000)．

戦略単位は必ずしも製品事業別組織の単位に一致するものとは限らず，また事業が利用する諸機能に関しても必ずしも事業組織が自己完結して持てるものではないため，連結事業単位でのセグメント情報を正確に把握するためには戦略単位の設定に関する深い洞察が必要となる。

図表2－1　戦略単位での事業連結体制の確立

```
┌──────────────────────┐      ┌──────────────────────┐
│ 連結財務諸表を中心とする   │ ⇔ │ 企業業績・事業価値向上のための │
│ 会計情報のディスクロージャー │      │ 戦略マネジメント・コントロール │
└──────────────────────┘      └──────────────────────┘
              ↓                                  ↓
┌──────────────────────────────────────────────┐
│          戦略単位でグループ企業を連結管理              │
│                                                      │
│               セグメントの再定義                       │
│               サブ・コンソリデーション                  │
│        業績評価を中心とするグループ本社機能の強化        │
│                                                      │
│               事業連結体制の確立                       │
└──────────────────────────────────────────────┘
```

本章では，「グループ経営に関する実態調査」（以下「本実態調査」と略称）

結果から，グループ経営において事業連結体制の確立状況の違いと業績評価を中心とするマネジメント・コントロールに関する実態の差異について分析・整理をおこなう．

§2 グループ経営の基本フレームワーク

「本実態調査」では，グループ経営を検討するための基本フレームワークとして，次に示すような組織部門を認識した．

① トップ・マネジメントとヘッドクォーター： グループ事業構造の最適化を実現するグループ本社部門
② グループ本社の内部組織（グループ中核会社の内部組織）：
  i. 事業部門： 事業部，事業本部，社内分社，カンパニー等
  ii. 事業部門内事業部： 事業部門（ⅰ）内に設置されているサブ事業組織単位
  iii. 機能部門： 効率性や専門性を追求するために事業部門横断的に機能を提供する組織
  iv. 子会社・関連会社統括部門： 他のどの組織部門も主管しないグループ会社を統括する組織
③ グループ企業の組織（外部組織）：
  v. 中核会社の事業部門（ⅰ）が主管する子会社・関連会社
  vi. 中核会社の事業部門内事業部（ⅱ）が主管する子会社・関連会社
  vii. 中核会社の機能部門組織が主管する子会社・関連会社
  viii. 子会社・関連会社統括部門が主管する子会社・関連会社
  ix. コア事業会社（持株会社傘下もしくは中核会社の事業部門と同等の子会社）
  x. シェアード・サービス会社

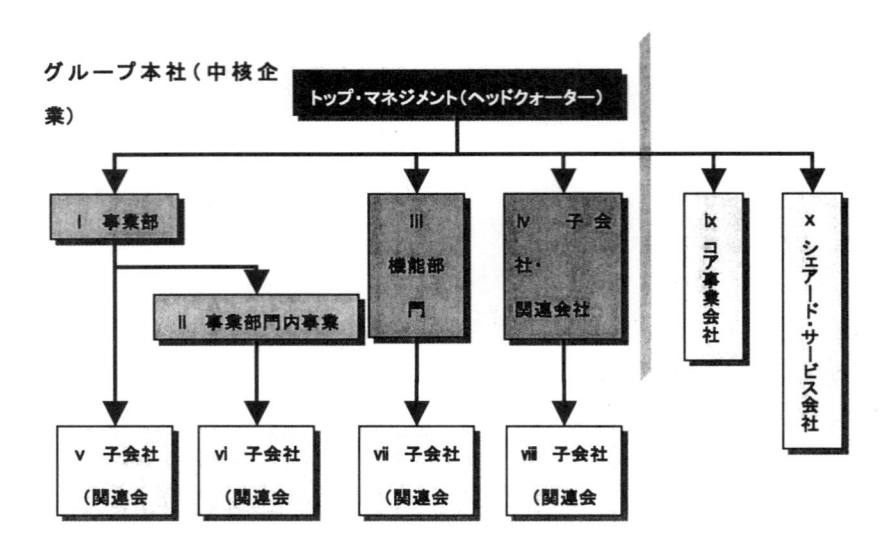

図表 2-2 グループ経営の基本フレームワーク

グループ本社（中核企業）
トップ・マネジメント（ヘッドクォーター）

I 事業部
II 事業部門内事業
III 機能部門
IV 子会社・関連会社
ix コア事業会社
x シェアード・サービス会社

v 子会社（関連会
vi 子会社（関連会
vii 子会社（関連会
viii 子会社（関連会

　このようなグループ経営のフレームワークを前提に，事業部門と事業部門の業務に関連するグループ企業の関係に着目し，事業連結体制の確立状況やそこにおけるマネジメント・コントロールの実態を検討した．

§3　事業連結体制の確立状況

3.1　事業連結の状況

　事業連結体制の確立状況により企業グループを類型化する必要がある．事業連結体制が本来の目的に沿って機能するためには，単に事業成果が連結で把握できるだけでは不十分である．戦略マネジメント・コントロール・システムの考え方に立脚すれば，事業領域別の戦略執行プランニングのプロセスが先ず存在し，それに基づく予算策定，業績の測定評価といったマネジメント・プロセスが展開されている必要がある．本章では，中期事業計画策定および予算編成の双方が事業単位において連結で行われていることをもって事業連結体制が確

立している「事業連結企業」として位置づけた．「本実態調査」で回答を得た90社のうち47社が事業連結企業として位置づけられた．逆に，中期事業計画の策定も単年度予算編成のどちらも連結では行っていない企業が26社あり，これらを「非事業連結企業」として位置づけた．（以下事業連結企業と非事業連結企業はこの分類を用いる．）

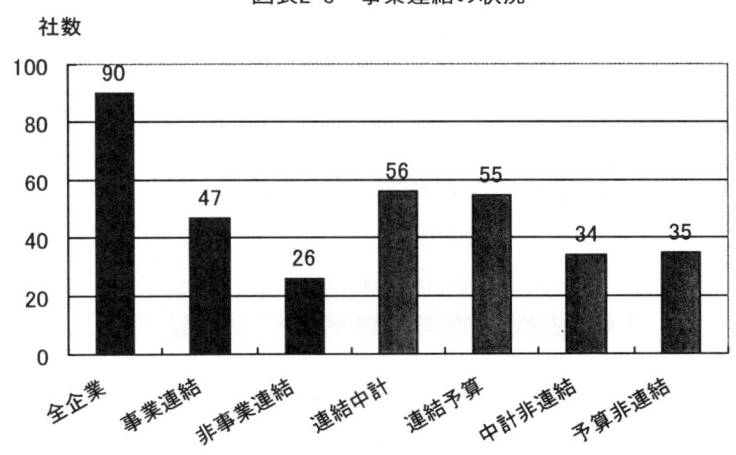

図表2-3　事業連結の状況

区分	社数
全企業	90
事業連結	47
非事業連結	26
連結中計	56
連結予算	55
中計非連結	34
予算非連結	35

3.2　グループ経営規模の比較

　予想された結果とはいえ，事業連結体制が確立している企業は，非事業連結の企業に比較してグループ経営の規模が大きい．単体の売上高規模では大きな差異はみられないものの連結売上高規模では大きな差が見られ，事業連結の企業では約六割と過半数が連結売上高1兆円を超える一方で5,000億円以下の企業は二割程度と少ない．非事業連結の企業ではこれと逆の傾向を示している．海外連結売上高比率ではこの差がもっと顕著に現れており，海外事業展開が進んでいる企業ほどマネジメント上の要請から事業連結体制の確立も進んでいるとの見方ができる．

図表 2-4　事業規模の概要

単体売上高

連結売上高

単体海外売上高比率

連結海外売上高比率

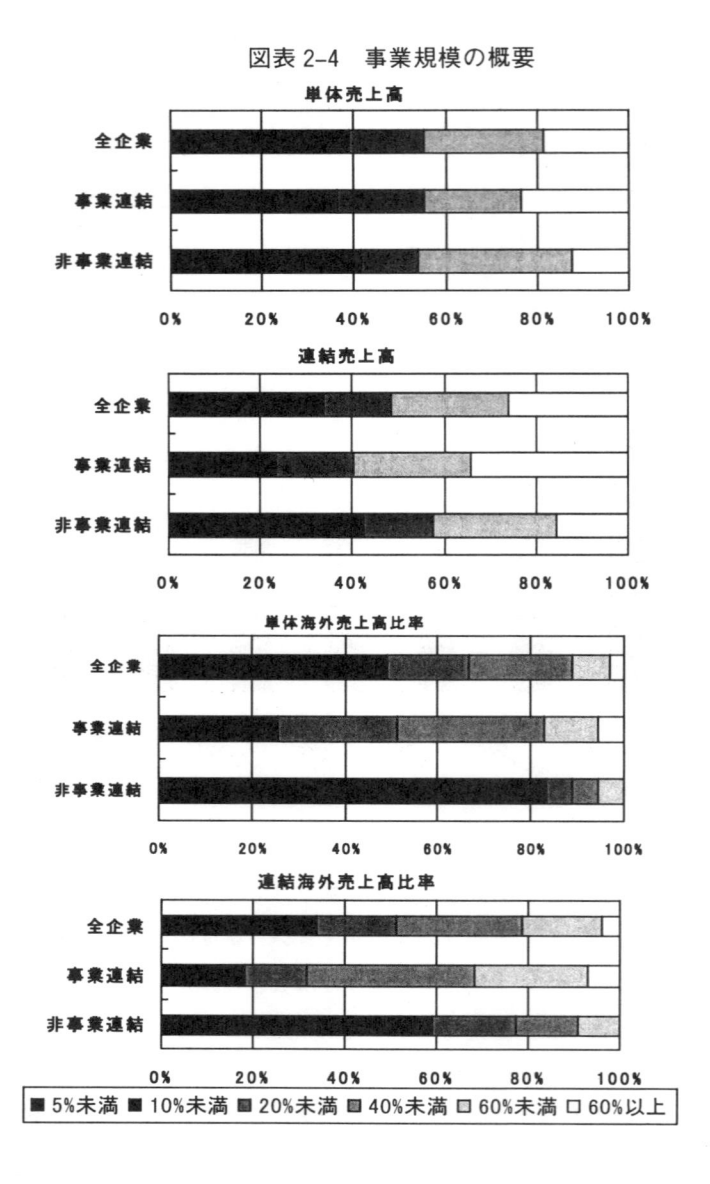

■5%未満　■10%未満　■20%未満　■40%未満　□60%未満　□60%以上

　連結子会社数では，事業連結企業の平均連結子会社数が約 136 社であるのに対して，非事業連結企業の平均連結子会社数は約 37 社と約四分の一の水準にあ

る．また，海外の連結子会社数にいたってはさらに大きな差が生じており，連結子会社数の観点からも連結海外売上高比率と同様に海外事業展開が進んでいえる企業ほど事業連結でのマネジメントを志向しているという結果が得られている．

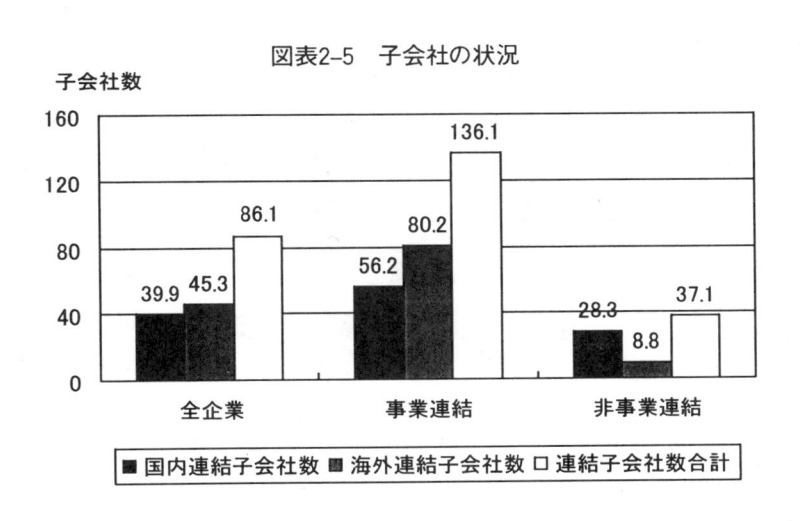

図表2-5 子会社の状況

子会社数

	国内連結子会社数	海外連結子会社数	連結子会社数合計
全企業	39.9	45.3	86.1
事業連結	56.2	80.2	136.1
非事業連結	28.3	8.8	37.1

経営管理単位の数の比較においても，全体としては事業連結企業の管理単位数が多いという傾向は他の規模的な状況を表す項目と同様の傾向を示しているが，事業部門内の事業部数に限っては非事業連結企業の管理単位数が約66と事業連結企業の22を三倍ほど上回っている．この点に関して，単に事業連結企業と非事業連結企業の規模的な差異だけに着目すると，逆転現象が生じているかのように見える．しかし，これは事業部門内事業部という管理単位が少ない企業が事業連結を志向していると解釈するよりも，事業部門内事業部という管理単位が多いがゆえに事業連結体制の構築が困難になっていると解釈することも可能と考える．不完全事業部制組織が多い日本では，より自律的な分権経営を実現するために従来の事業部制組織より大括りのカンパニー制や分社制が志向されたことと関係しているとも考えられるが，その実態については今後さらに

詳細な調査を待つ必要がある．

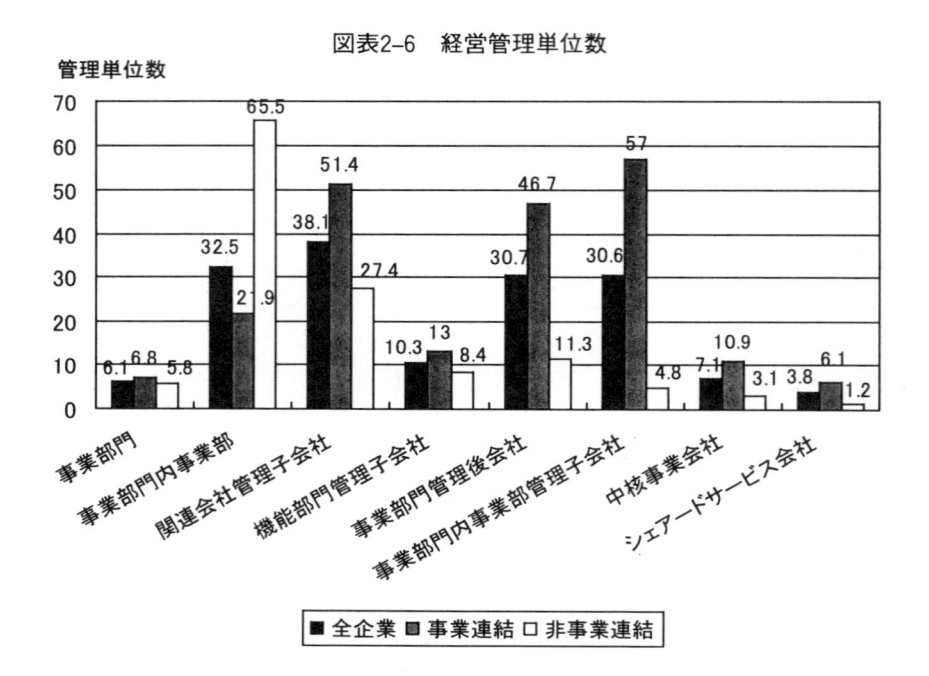

図表2-6　経営管理単位数

管理単位数

区分	全企業	事業連結	非事業連結
事業部門	6.1	6.8	5.8
事業部門内事業部	32.5		21.9
関係会社管理子会社	38.1	51.4	27.4
機能部門管理子会社	10.3	13	8.4
事業部門管理会社	30.7	46.7	11.3
事業部門内事業部管理子会社	30.6	57	4.8
中核事業会社	7.1	10.9	3.1
シェアードサービス会社	3.8	6.1	1.2

（注：事業部門内事業部の「事業連結」は65.5）

3.3　グループ会社の事業連結度合い

　子会社の連結事業への特化の程度に関しては，事業連結対象の業務に特化している場合と，その他の事業部門の仕事を手がける場合とが約30社ずつとほぼ同程度の水準であった．これを事業連結体制の確立状況の有無との比較において見ると，事業連結体制が確立されている企業の子会社の方が他事業部門の仕事を手がけるケースが多く，逆に非事業連結の企業における子会社の方が特定の事業に特化している傾向が高いという結果が得られた．これも一見矛盾した現象のように思えるが，他事業部門の業務も手がけているからこそ事業連結で管理することの必要性が高まっているという解釈も成り立つ．特定の事業部門の活動に特化している子会社であれば，あえて事業連結体制を確立しなくても

マネジメント・コントロール上大きな問題は発生しないという可能性がある。但し，このような考え方も推測の域を出るものではなく、さらにインデプスな調査による解明が必要である．

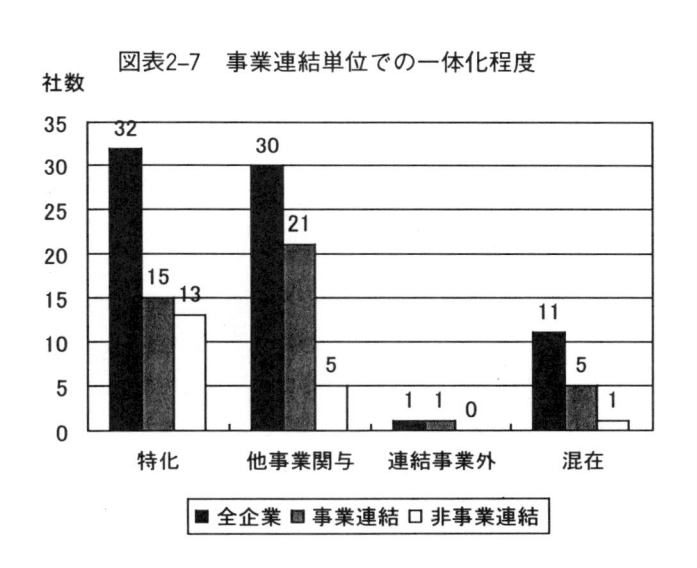

図表2-7　事業連結単位での一体化程度

	特化	他事業関与	連結事業外	混在
全企業	32	30	1	11
事業連結	15	21	1	5
非事業連結	13	5	0	1

　また，今回調査対象となった90社中の28社において，事業に関連する子会社であっても事業連結していない子会社が存在している．事業連結されない子会社が存在する理由としては，子会社が複数の事業分野に関連していて特定の事業に連結できない，主管となる事業部門に管理能力上の問題が挙げられた．事業連結しない理由としては「その他」という回答が最も多かったが，それらの内容を個別的に見てみると「事業規模がまだそれほど大きくない」あるいは「事業連結で管理するほどの重要性をまだ持たない」等の回答が多く，事業としての成熟度の問題が存在していることが明らかになった．

　戦略マネジメント・コントロール・システム視点からは事業連結体制を確立することの重要性は理解できても，戦略ビジネス・ユニットの単位と子会社・関連会社までを含めたグループ全体の組織設計上のくくりを完全に整合させるこ

とは現実問題としては困難である．このため自律分権型の組織形態への機構改革を実施しても，事業連結単位の枠組みに収まりきらないグループ会社が存在するケースが現実には発生している．戦略マネジメント・コントロール上の要請から事業連結体制を強調することには意味があり，それを実現するための工夫（場合によっては会社分割等）が求められるが，それと同時にケース・バイ・ケースで最もグループ経営力を高めるための方向性は何であるかを見極める必要もある．

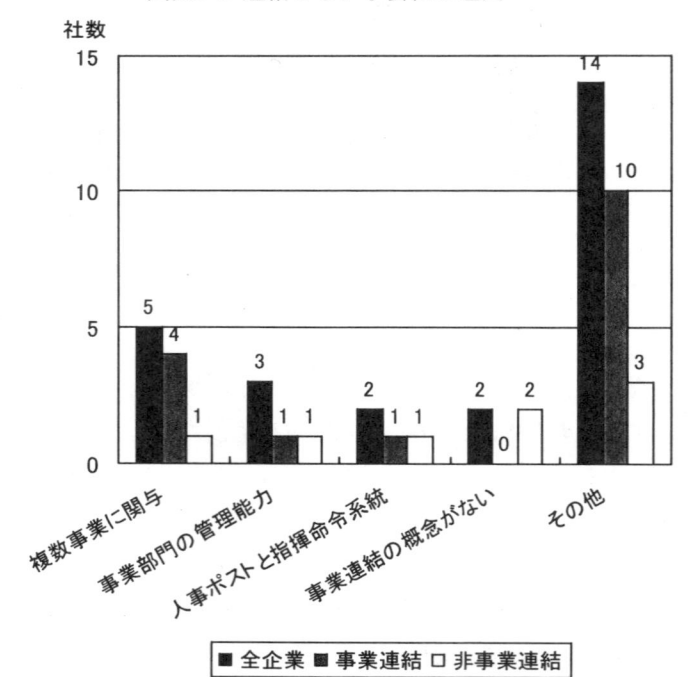

図表2-8 連結しない子会社の理由

理由	全企業	事業連結	非事業連結
複数事業に関与	5	4	1
事業部門の管理能力	3	1	1
人事ポストと指揮命令系統	2	1	1
事業連結の概念がない	2	0	2
その他	14	10	3

事業連結できない子会社の種類としては，事業連結の企業では生産系の子会社である場合が多い．これは生産機能に対する効率性追求が重視されているため，事業という枠組みからは開放された独自の活動が求められているためと解

釈できる．非事業連結の企業では，独立事業系の子会社を事業連結できないでいる比率が相対的に高い．

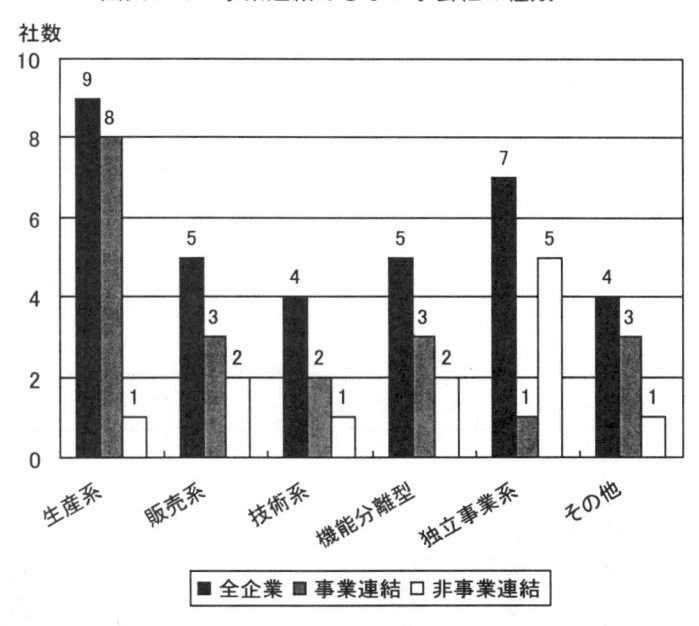

図表2-9 事業連結できない子会社の種類

種類	全企業	事業連結	非事業連結
生産系	9	8	—
販売系	5	3	2
技術系	4	2	1
機能分離型	5	3	2
独立事業系	7	1	5
その他	4	3	1

（注：生産系の非事業連結は1）

§4 マネジメント・コントロールの実態

4.1 組織形態による事業連結の実態

全体の約70％に相当する62社が事業部制、事業本部制，カンパニー制、社内分社制、純粋持株会社といった分権経営の形態を採用している．これらの企業はいずれも事業連結されているケースが多く，事業連結企業の比率は58％であった．その中にあって事業本部制採用企業18社中事業連結企業が6社に対し非事業連結企業が5社であり，事業連結体制が確立されている度合いが相対的に低いという結果が得られた．従来事業本部制を採用していた企業のうち，分権経

営の強化に注力した企業は既にカンパニー制や社内分社制を標榜する組織形態に移行してしまっていることがその一因になっていることが考えられる．

機能別の組織体制を採用していた企業は全体の14％に相当する13社であった．機能別組織を採用する企業は単一の事業構造であることが想定され，従って事業連結体制を確立することは困難であると思われる．本実態調査もそれを裏付けるような結果が得られ，事業連結企業46社中機能別組織を採用する企業はわずか4社と全事業連結企業の9％であった．また，全企業の事業連結企業比率が52％であったのに対して，機能別組織を採用する企業の事業連結企業比率は31％でしかなかった．

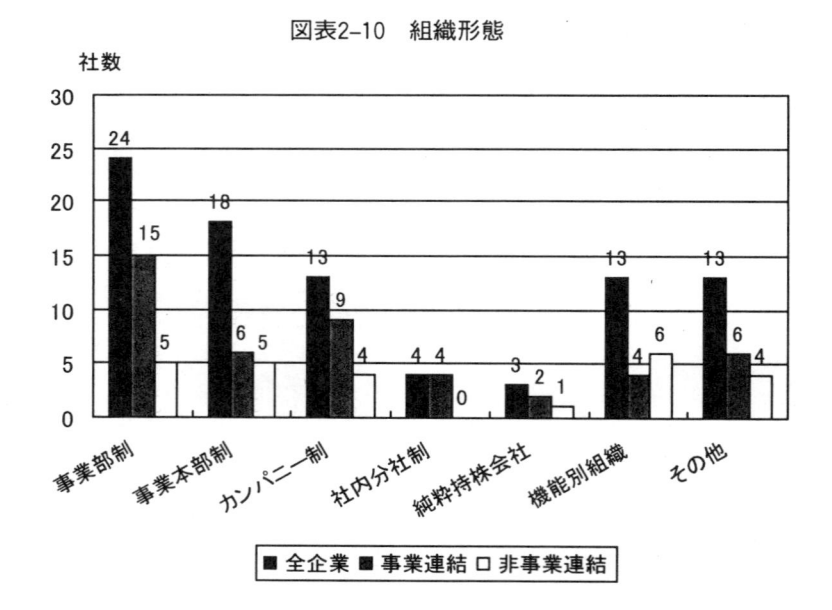

図表2-10　組織形態

組織形態	全企業	事業連結	非事業連結
事業部制	24	15	5
事業本部制	18	6	5
カンパニー制	13	9	4
社内分社制	4	4	0
純粋持株会社	3	2	1
機能別組織	13	4	6
その他	13	6	4

4.2　グループ企業の管理形態

グループ経営を進めるに当たっては分権化された事業や機能の自律的な活動に対するカウンター・バランスとしての本社機能が強化されることが必要であり，グループ・シナジーの創出やグループ事業構造の適正化が図られているこ

とが重要となる（小松原聡, 2002）. そこで, 次はグループ企業・子会社の活動に対する本社側の関与度合いと事業連結の実態について見てみる.

子会社の経営管理分担では, オペレーショナルなコントロールは事業部門が行うがマネジメント・コントロールは本社が行っている企業が46社と大半を占める. 子会社の経営に本社は全く関与せず, 各事業部門の裁量に任せている企業が14社あるが, それらは事業連結の企業である. 非事業連企業では, 本社が子会社の経営管理全般を行っている企業が9社あり, 本社による子会社管理への関与度合いが相対的に高いという結果が得られた.

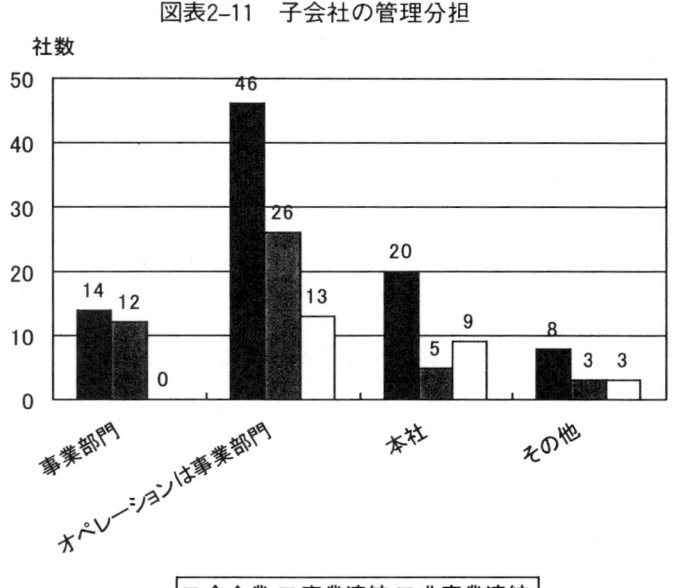

図表2-11　子会社の管理分担

	全企業	事業連結	非事業連結
事業部門	14	12	0
オペレーションは事業部門	46	26	13
本社	20	5	9
その他	8	3	3

次にグループ戦略計画策定に対する子会社の関与の状況であるが, 子会社がグループ戦略の策定に関与しない企業は, 事業連結企業で8社（17%）, 非事業連結企業で7社（27%）であった. グループ戦略計画策定の策定には, 何らかの形で子会社が関与する傾向にあり, その度合いは事業連結企業において高くな

っている.

図表2-12 戦略計画への子会社関与

社数	子会社は関与せず	中核会社のみ関与	中核会社以外も関与	全企業が関与
全企業	20	16	28	26
事業連結	8	9	15	15
非事業連結	7	4	10	5

■全企業 ■事業連結 □非事業連結

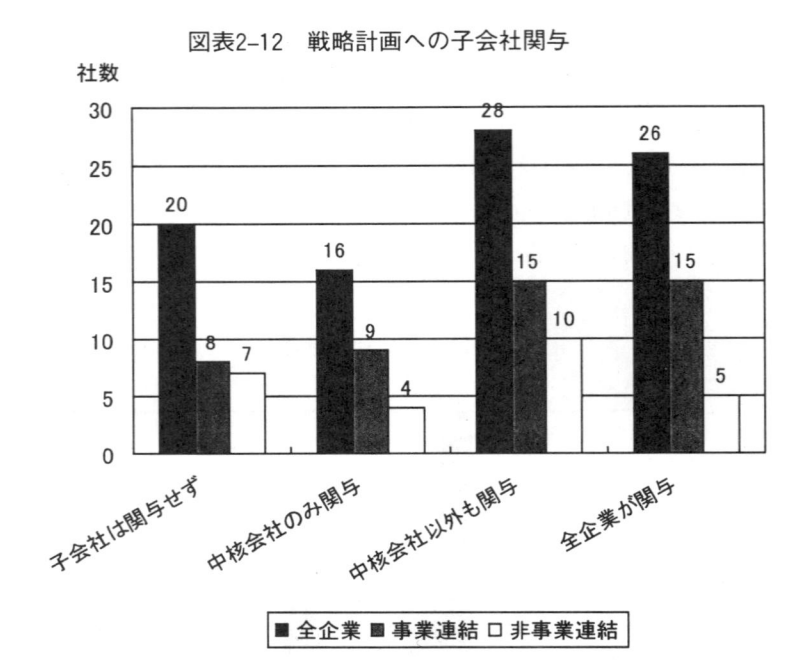

　グループの利益計画策定時におけるガイドラインの提示に関しては,本社がガイドラインを提示する企業が63社（71％）と大半を占める.ガイドラインの提示がない企業は,事業連結企業では9社（19％）であるのに対し,非事業連結企業では9社（36％）となっており相対的にガイドラインを示していない比率が高くなっている.

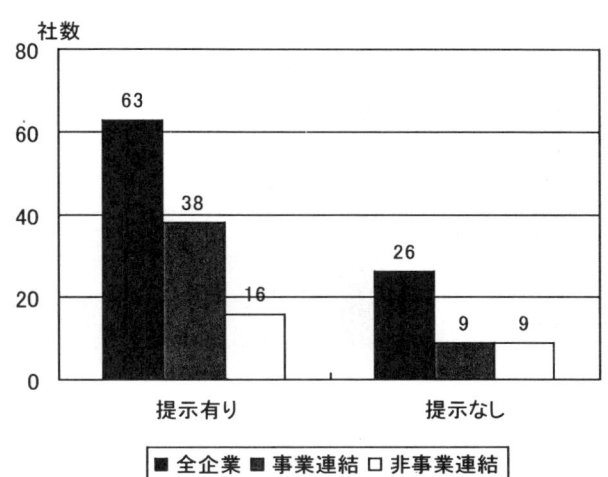

図表2-13　本社による利益計画ガイドライン

```
社数
       提示有り              提示なし
全企業    63                   26
事業連結   38                    9
非事業連結 16                    9
```

■全企業　■事業連結　□非事業連結

　ガイドラインを提示している企業におけるガイドラインの策定方法に関して本社が単独で行う企業は，事業連結企業では22社（59%），非事業連結企業では4社（25%）であった．非事業連結企業では関係会社の意見を事前聴取するケースが多いのに対して，事業連結企業ではトップ・ダウンで戦略目標を展開する色彩が強いといえる．

　子会社からの情報提供に関しては，月次決算レベルでの情報の遅れを指摘する企業が49社（56%），年度決算レベルでの情報の遅れを指摘する企業は6社（7%）あり，戦略執行のモニタリング体制の観点からはまだ十分に事業連結体制が確立しているとは言い難い状況にある．事業連結企業と非事業連結企業でこの傾向に大きな差はなかった。「本実態調査」においては，業績結果の把握だけではなく，中期事業計画策定および予算編成といったプランニング段階における事業連結体制が確立していることをもって「事業連結企業」として位置づけたが，現実にはまだ業績結果把握段階においてすら問題が存在する状況が浮き彫りにされた．

図表2-14　利益計画ガイドライン策定方法

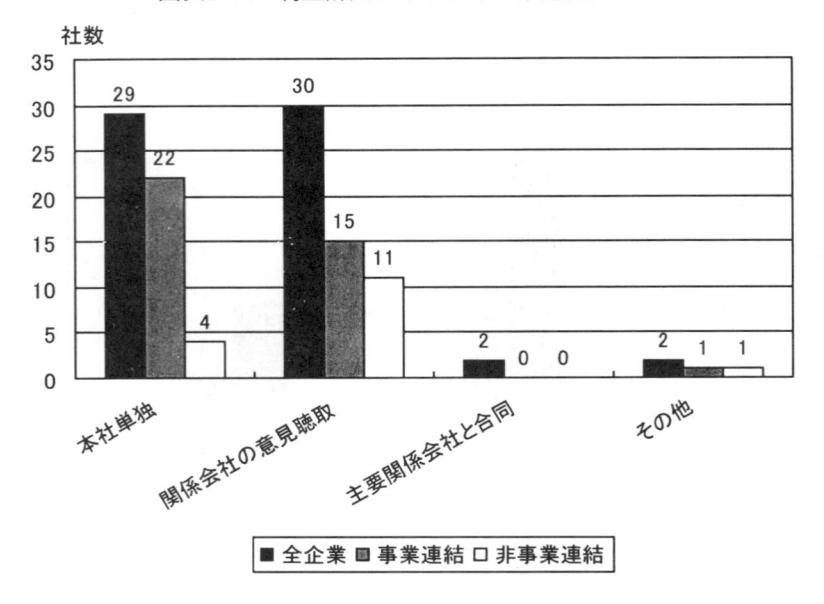

策定方法	全企業	事業連結	非事業連結
本社単独	29	22	4
関係会社の意見聴取	30	15	11
主要関係会社と合同	2	0	0
その他	2	1	1

図表2-15　情報提供レベル

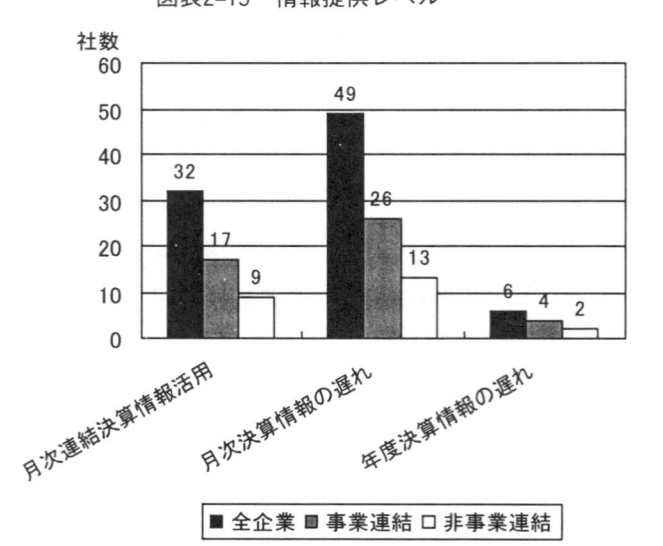

項目	全企業	事業連結	非事業連結
月次連結決算情報活用	32	17	9
月次決算情報の遅れ	49	26	13
年度決算情報の遅れ	6	4	2

モニタリングの結果として，事業からの撤退等を決定するのは本社の重要な機能の一部であると考えられる．グループ会社のパフォーマンス成果により整理統合を進めるための基準を設けているケースはまだ少数であるが，事業連結企業では基準が存在する企業が15社（32％）と相対的に高くなっている．組織業績が人事考課へ反映される比率はどちらの企業群においても高いが，事業連結企業の27社（63％）に対して非事業連結企業は16社（70％）であった．

図表2-16　グループ会社整理統合基準

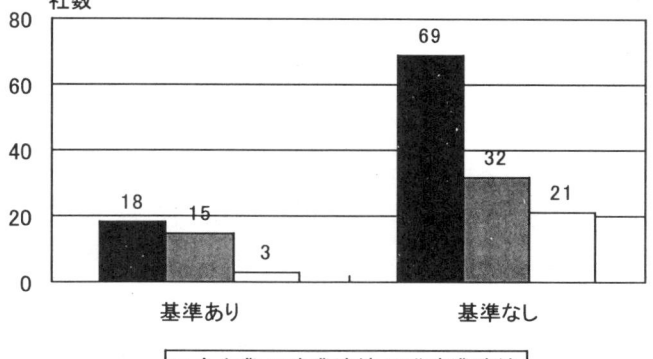

	基準あり	基準なし
全企業	18	69
事業連結	15	32
非事業連結	3	21

図表2-17　組織業績の人事考課への反映

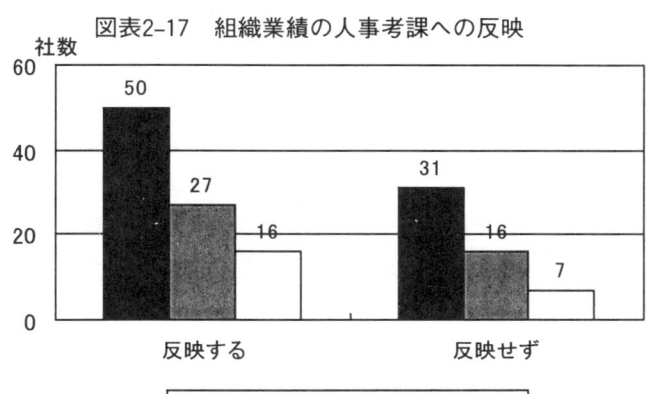

	反映する	反映せず
全企業	50	31
事業連結	27	16
非事業連結	16	7

4.3 グループ企業の業績評価

　分権化が進むほど，全体最適を意識した意思決定および行動をとるように分権組織の管理者を動機付ける統合のメカニズムの重要性が増大するが，その一つが業績測定・評価システムである（挽文子, 2001）．ここでは事業連結企業と非事業連結企業における業績評価の実態とその特徴について考察する．

　業績評価指標に関しては，事業連結企業では売上高，経常利益，ROAといった特定の指標に比較的集中する傾向が見られるのに対し，非事業連結企業ではこれら以外にも売上総利益や営業利益等比較的広範囲の指標に分散する傾向がある．親会社内事業に限ってみると，最終損益，キャッシュ・フロー，ROEを業績評価指標として採用する企業は非事業連結企業において高いという傾向が見られた．

　また，親会社内の「事業」に関する業績評価指標と親会社内の「事業部門」に関する業績評価指標とではその適用状況にかなりの開きが見られ，これは事業そのもの業績評価と部門という組織の業績評価を区別して考えていることの現われであると考えられる．この傾向は特に非事業連結企業において顕著な差が見られた．

　最近の傾向として，事業の評価と組織の業績評価を近付けようとする傾向がある．それは分権事業組織に対してより強く事業責任を追求することで事業レベルにおける企業価値貢献の意識を高めるためである（小松原聡, 2002）．非事業連結企業に比べ，事業連結企業の業績評価は事業の評価と組織の業績評価が接近しつつある状況にある．

　組織の業績評価指標に着目すると，親会社の事業部門，コア事業会社，ノンコア事業会社のいずれをとっても，事業連結体制にある企業がキャッシュ・フロー，ROA，ROEといった経営の効率性や株主価値に直結する指標類を相対的に重視する傾向にあるという結果が得られた．

第2章 事業連結体制と今後の展望　41

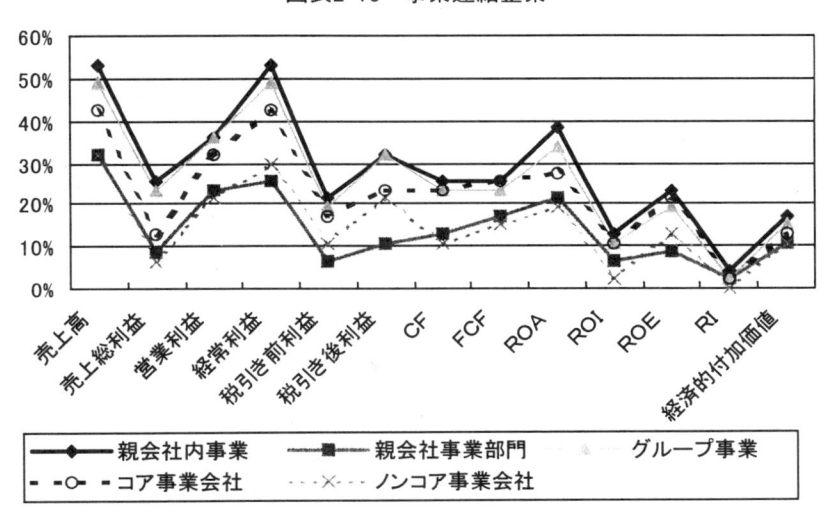

図表2-18　事業連結企業

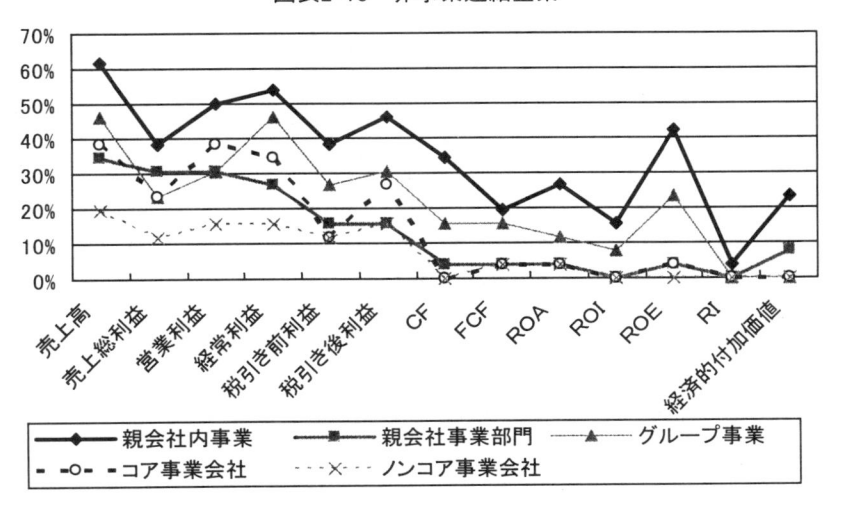

凡例：親会社内事業、親会社事業部門、グループ事業、コア事業会社、ノンコア事業会社

図表2-19　非事業連結企業

凡例：親会社内事業、親会社事業部門、グループ事業、コア事業会社、ノンコア事業会社

分権的事業運営を指向している企業では事業連結体制が確立している割合が相対的に高く，グループ本社が提示する業績目標の達成に向けて事業部門が傘下のグループ企業を含め自律的に事業価値を高めるための事業経営を行う傾向にあることが本実態調査で確認された．但し，近年情報システム環境の整備が進んでいるにもかかわらず，グループ本社が分権経営組織を事業連結でモニタリングするのに十分な情報活用体制は必ずしも整っておらず，分権的統合におけるインテグレーション面において今後取り組むべき課題が残されている．

§5 事業連結マネジメントと今後の展望

5.1 財務的事業連結によるマネジメント・コントロールの限界

事業連結体制のためのセグメンテーションを適切におこなうことによる戦略マネジメント・コントロール力の高度化は不可欠な取り組みである．しかし，以下に示す理由により，それだけでは十分な対応とは言えなくなってきている．

第一に，マネジメント・アプローチの浸透によりセグメント情報が積極的に開示されるようになったが，セグメント情報活用の有用性は限られている．また過去の業績を理解するだけではなく将来の業績に対する予測評価の可能性も必要なため，セグメント情報のみに過大な期待をかけることはできない（大倉雄次郎，2002）．

第二に，グローバル企業が持つ多次元構造的な要因（事業軸，機能軸，地域軸，等）により，事業と組織単位の活動を完全に紐づけることは困難である．あるいは事業戦略と地域戦略や機能戦略（既存バリューチェーンやビジネス・アーキテクチャ革新）の優先度に対するコンフリクトをどのように解決するかという困難性があり，事業軸だけが強調される連結マネジメント・コントロールに依存することはできない．経営者は企業目標達成のための戦略的な意思決定に際し，さまざまなジレンマを調整しバランスをとらなければならない（Simon, R. 2000）．

さらに，伝統的なマネジメント・コントロール・システムは戦略を所与とし

てその実行制御に主眼を置いてきたが，先進企業では制御よりも戦略そのものを向上させることに関心がシフトしてきている．バランスト・スコアカードをはじめとする戦略マネジメント・コントロールのための新たな経営手法が注目されるようになってきたのはこのためである（伏見多美雄，2001）．

5.2 新たな組織論への対応

従来のマネジメント・コントロールは組織単位での活動が主要関心事であったが，これからは固定的で環境適合のための柔軟性を欠く組織をマネジメントする視点だけでは不十分である．事業を戦略的にコントロールしさらにその進化を促進するための一つの有効な方法論としては，組織の枠にとらわれない活動レベルにおけるマネジメントの可能性を追求するという考え方がある．期間の業績や組織のマネジメントも重要であるが，実質的な意味で事業の戦略を実現するのは期間や組織の枠を越えた活動であることが多い．従って，事業を実現するために必要な活動を中心に据えて，それらの活動を適切にマネジメントすることで戦略を実現しようという考え方である．

近年エンタープライズ・プロジェクト・マネジメントやプロジェクト・プログラム・マネジメントの考え方が注目されているが，それは「戦略を実現するにはそのための活動をプロジェクトという単位で把握することが有効である」という考え方に立脚している．環境変化が激しい時代においては，固定的な組織よりも環境適合のための柔軟性に優れるプロジェクト活動をコントロールすることの有用性が高まる．

また、組織に関しては以前からより環境適合力の高い柔軟な組織運営を実現することの重要性が指摘されている．組織間の水平的・垂直的なインタラクションを高めるチーム業績管理やエンパワーメントを受けたミニ・プロフィット・センターのための管理会計の仕組みに関する議論が重視されるようになっている（浅田孝幸，谷武幸，1999）．

事業連結によるマネジメント・コントロールが出来上がっていることを前提にすると，これからはプロジェクトやミニ・プロフィット・センターといったよ

りミクロなレベルにおける事業活動のマネジメント・コントロールとグループ経営目標の実現を結び付けるためのバーティカルなマネジメント・コントロールのあり方が重要な意味を持つようになると考えられる．これからはこのような視点に立脚した新たなマネジメント・スキームの確立に向けての研究が求められている．

参考文献

浅田孝幸代表編集.1999.「戦略的プランニング・コントロール」中央経済社

伏見多美雄.2001.「戦略経営時代のマネジメント・コントロール・システム」『企業会計』53-5:18-26.

挽文子.2000.「グループ経営と管理会計：欧米企業の事例を中心として」『日本管理会計学会誌』8-1・2:69-85.

挽文子.2001.「戦略経営時代のグループ・マネジメントと管理会計」『企業会計』53-5:40-53.

木村幾也.1999.「グループ企業における経営組織と管理会計情報」『日本管理会計学会誌』7-1・2:137-157.

小松原聡.2002.「コーポレートガバナンス 21 世紀に向けた経営のあり方」『経営構造改革と事業評価・管理システムの実際』企業研究会 116:3-25.

嶺輝子.2002.「多国籍企業のセグメント別報告」『会計』162-1:16-31.

大倉雄次郎.2002.「連結セグメント情報の有用性との検討」『会計』161-6:890-905.

佐藤成紀.2000.「セグメント会計の論点と課題」『企業会計』52-3:133-139.

Simon,R.2000. *Performance Measurement and Control Systems for Implementing Strategy*. Prentice-Hall. 1st Edition.伊藤邦雄監訳 2003.『戦略評価の経営学』ダイヤモンド社．

第3章 グループ経営におけるマネジメント・コントロール
―分散と統合のマネジメント―

㈲知識創造研究所　渡　辺　康　夫

§1　はじめに

　企業をはじめとするさまざまな組織では，その規模の拡大にともなって意思決定権限を下部組織に委譲し，その自律性を高めるのが一般的である．しかし，そのことは必ずしも下部組織に勝手な意思決定を許すことではない．トップ・マネジメントは組織目的を達成するために，下部組織に一定の規律を課すのである．このような仕組みについては，これまで「分権化と集権化」（門田安弘，2001）あるいは「分散と統合」（伏見）というフレーズで，事業部制やカンパニー制など社内分権組織の管理の側面から議論されてきた．

　近年，わが国では「グループ経営」が脚光を浴びている．これは，これまでも多く存在していた企業グループの経営とは根本的に異なる経営スタイルであるという．これまでの企業グループが親会社の利益の最大化を図る「グループ管理」であったのに対して，新しい「グループ経営」はグループ全体の利益最大化を図るというのである（伊藤邦雄，1999）．

　この「グループ経営」とは，子会社・関連会社が一体となって市場での競争に対応することであり，グループ内部にあっては，各子会社・関連会社の経営効率以上にグループ全体の経営効率の向上を重視することを意味している．企業グループを一つの事業体と捉えるのである．

「グループ経営」において各子会社・関連会社に与えられた自律性は，企業内の事業部に与えられる自律性を上回るというのが一般的な認識である．「大幅な分権化は強力な集権化を必然的に伴う」（門田安弘，2001）といわれるが，それでは企業グループにおける子会社・関連会社各社の行動をグループの組織目標に合わせるための規律・手段とはどのようなものなのか．今回の「グループ経営に関する実態調査」から，それを検証することが本小論の目的である．

§2 「グループ経営に関する実態調査」の概要

「グループ経営に関する実態調査」は，日本管理会計学会の発足10周年を記念して行われた企業実態調査の一環で，わが国の企業グループの経営管理会計情報に関する実態を調査したものである．回答企業数は90社，回答率は5.8%である（90社／1,550社）．目標精度10%，信頼率95%，母比率50%とした場合の必要標本数は90，信頼率を90%とした場合の必要標本数は65である．当調査の回収数は90ではあるが，質問項目によっては無効回答が出るので，必ずしも信頼率95%を満たさない．

§3 分析の方法

本分析の仮説は「企業グループの経営管理においては，意思決定の分散化のレベル（分散度）が高い企業グループほど本社による統合化も高まる」というものである．では，意思決定の分散化が行われたときに，具体的にどのような統合化が図られるのであろうか．本分析では，分散度を表す説明変数として，次の2つを取り上げた．

説明変数1：説明変数の一つは，子会社・関連会社の数である．子会社・関連会社の数が多い企業グループと少ない企業グループに2分し，前者を分散度（分社化）の高い企業グループ，後者を低い企業グループとする．これは，アンケートの問6の(ハ)〜(チ)において回答

第3章　グループ経営におけるマネジメント・コントロール
　　　　－分散と統合のマネジメント－

された各企業グループの子会社・関連会社数の合計を，その中位数（40社）をもって2分した．つまり子会社・関連会社の数が40社を超える企業グループを分散度の高い企業グループ，それ以外を低い企業グループとした．その結果，前者が43グループ，後者が46グループで，おおよそ半々となった．

説明変数2：もう一つの説明変数は，本社が直接管理する子会社・関連会社の割合(直轄度)である．つまり本社が直接管理する子会社・関連会社の割合が50%を超える企業グループを分散度が高い（直轄度が低い），それ以外の企業グループを分散度が低い（直轄度が高い）とした．本社が直接管理する子会社・関連会社の割合とは，アンケートの問6の(ハ)～(チ)にあげられた企業数のうちの(ハ), (ト), (チ)にあげられた企業数の割合である．

統合化を示す被説明変数としては，アンケート調査の質問項目のうちから，子会社・関連会社の分散・統合に関連する次の項目を選択した．

被説明変数
　(1) グループの戦略計画立案に対する子会社・関連会社の関与(問16)
　(2) 中期事業計画の達成度の測定・評価(問20)
　(3) グループの利益計画として作成される資料(問23)
　(4) グループの利益計画を作るにあたって，本社がガイドラインを示す(問24)
　(5) ガイドラインを本社が単独で作る(問25)
　(6) グループの利益計画策定方法が，積み上げ方式(問26 イ)
　(7) グループの利益計画策定方法が，グループ目標額の割り当て方式(問26 ニ)
　(8) 子会社・関連会社の整理・統廃合の基準(問34)
　(9) 関係会社の外部資金調達権限(問36)
　(10) 子会社・関連会社からの配当支払に対する基準(問38)
　(11) 会社・関連会社の業績をその社長の考課に反映(問42)

回答数が少ないこともあって，説明変数と被説明変数は共に2分類とし，説明変数と被説明変数の組み合わせから全部で22の分析を行った．分析には対

数線形モデル(飽和モデル)[1]を用い,利用した統計ソフトは,SPSS for Windows 11.5.1J である.

なお,2つの説明変数である子会社・関連会社の総数と,本社が直轄する子会社・関連会社の割合(%)との間の pearson 相関係数は 0.313 で,1％水準で有意(両側)である.すなわち,子会社・関連会社の数の多い企業グループほど本社管理の子会社・関連会社の割合が大きいという相関がみられる.ただし,それは比較的弱い相関関係なので,2種類の説明変数を扱うことにも意味があると考えている.

§4　仮説の検証

仮説およびその検証結果は次のとおりである.

仮説1：分社化の程度の高い企業グループほど,グループの戦略計画立案に子会社・関連会社が関与する.

この仮説を検証するために,図表1のような4セルの分析を行った.この図表の縦軸は分社化の程度を表しているが,これは説明変数1の項で述べたように子会社・関連会社の数が 40 社を越えるグループを分社化の程度が大きいとして「分社化：大」,それ以外を「分社化：小」と表示している.

一方,横軸はグループ戦略を統合的に立案するか分散的に立案するかによって分類している.グループ戦略を比較的少数の子会社・関連会社で決定するのを統合的な戦略策定(統合的),多くの子会社・関連会社が参加するのを分散的な戦略策定(分散的)とした.子会社・関連会社の関与の度合いは,問 16 の回答によった.問 16 は「グループの戦略計画を立案するにあたって,子(関連)会社は関与しますか」というもので,その回答選択肢は①関与しない,②コア(中核)企業だけが関与する,③コア以外の企業も必要に応じて関与する,④全企業が関与する,の4択である.そこで回答①②を統合的な戦略立案,③

---

[1] 対数線形モデルによる分析手法の詳細は,門田安弘『経営・会計の実証分析

④を分散的な戦略立案,としている.約6割の企業グループが分散的に戦略策定を行っている.

図表 3-1 仮説 1 のクロステーブル

	統合的	分散的	総計
分社化:大	15	28	43
分社化:小	20	26	46
総計	35	54	89

推定値= −0.3523
Z値= −0.82
95%信頼区間= −1.20〜0.49

分析結果は図表3-1に示すとおりである.ここで,「推定値」とは対数オッズ比であり,説明変数と被説明変数の交互作用を示す.つまり,この数値がプラスであれば,この場合には「分社化が進むほど統合的に戦略立案がなされる」という仮説が支持されたことになる.もしこの対数オッズ比がゼロなら両者は独立ということになる.

この推定値の検定は,2つの方法で行うことができる.1つは,Z値の有意確率による検定で,もう1つは信頼区間によるものである.Z値は,その絶対値が1.96を上回るときに,この推定値が有意水準5%(両側検定)で支持されたことを示す.

一方,95%信頼度区間による検定とは,推定値が95%の確率で入る範囲を表しており,ここでは−1.20から+0.49の間に入る確率が95%であることを示している.

この分析結果では,推定値がマイナスであり,Z値の絶対値も1.96以下であり,95%信頼区間もマイナスから0の区間を含んでいることから仮説1は検証されない.

入門−SPSSによる企業モデル分析』を参照のこと.

仮説 2：直轄する子会社・関連会社が少ない企業グループほど，グループの戦略計画立案に子会社・関連会社が関与する．

　この仮説を検証するために，図表 2 のような 4 セルの分析を行った．この図表の縦軸は，2 つ目の説明変数，つまり本社直轄の子会社・関連会社が多い(直轄：大)か，少ない(直轄：小)かである．横軸は，グループ戦略を統合的に立案するか分散的に立案するかで，仮説 1 と同じである．

図表 3-2　仮説 2 のクロステーブル

	分散的	統合的	総計
直轄：小	13	29	42
直轄：大	19	21	40
総計	32	50	82

推定値＝ -0.6841
Z値＝ -1.51
95%信頼区間＝ $-1.57 \sim 0.21$

　仮説 1 と同様に，推定値，Z 値，95％信頼区間の数値からみて仮説 2 は検証されない．

仮説 3：分社化の程度の高い企業グループほど，グループ中期事業計画の達成度合いを測定・評価している．

　グループの中期事業計画を測定・評価するということは，グループを一体として統合的に捉えていることを示している．この仮説を検証するために，図表 3-3 のような 4 セルの分析を行った．この表の横軸は，①中期事業計画の達成度合いを評価している（評価あり），②評価していない（評価なし），の 2 つに分類している．

　中期事業計画の達成度合いの測定・評価に関しては，アンケートの問 20 の結果を利用する．問 20 は「中期事業計画の達成度合いを測定・評価していますか」であり，その回答選択肢は①測定していない，②測定しているが，それを評価には結び付けていない，③測定指標化している，の 3 択である．このうち①と②を「評価なし」に，そして③を「評価あり」に分類した．評価する企業

グループとしない企業グループが約半々である．

図表3-3　仮説3のクロステーブル

	評価あり	評価なし	総計
分社化：大	19	24	43
分社化：小	26	20	46
総計	45	44	89

推定値＝ -0.485
Z値＝ -1.15
95％信頼区間＝ -1.31〜0.34

推定値，Z値，95％信頼区間の数値からみて仮説3は検証されない．

仮説4：直轄する子会社・関連会社が少ない企業グループほど，グループ中期事業計画の達成度合いを測定・評価している．

仮説4の検証のために，図表3-4のような分析を行った．

図表3-4　仮説4のクロステーブル

	評価あり	評価なし	総計
直轄：小	20	22	42
直轄：大	21	19	40
総計	41	41	82

推定値＝ -0.1907
Z値＝ -0.44
95％信頼区間＝ -1.05〜0.67

推定値，Z値，95％信頼区間の数値からみて仮説4は検証されない．

仮説5：分社化の程度の高い企業グループほど，グループB／Sを作成する．

アンケート調査項目の問23では，「グループの利益計画として作成されるものはなんですか」と問うている．回答選択肢としては，①損益計算書，②貸借対照表，③キャッシュフロー計算書，④資本予算書，⑤その他，となっていて複数回答を求めている．

図表 3-5　仮説 5 のクロステーブル

	B/Sあり	B/Sなし	総計
分社化:大	29	14	43
分社化:小	29	17	46
総計	58	31	89

推定値＝ 0.1881
Z値＝ 0.43
95％信頼区間＝ −0.68〜1.05

損益計算書は，86社とほぼすべての企業グループで作成しているが，貸借対照表は58社，キャッシュフロー計算書は54社と半数強である．そこで，貸借対照表を作る企業グループほどグループを一体として捉えている，つまり統合化を図っているとみて，図表5の横軸を「B/Sあり」と「B/Sなし」にする．

推定値，Z値，95％信頼区間の数値からみて仮説5は検証されない．

仮説 6：直轄する子会社・関連会社が少ない企業グループほど，グループB/Sを作成する．

同様に，直轄度とB/Sの有無の関係を見たのが図表6あり，Z値，95％信頼区間の数値からみて仮説6は検証されない．

図表 3-6　仮説 6 のクロステーブル

	B/Sあり	B/Sなし	総計
直轄:小	30	12	42
直轄:大	22	18	40
総計	52	30	82

推定値＝ 0.6963
Z値＝ 1.51
95％信頼区間＝ −0.20〜1.60

仮説 7：分社化の程度の高い企業グループほど，グループの利益計画を作るにあたって本社がガイドラインを示す．

アンケート調査の問24では「グループの利益計画を作るにあたって，本社（持株会社）はガイドラインを示しますか」と問うている．ガイドライン（G/L）を示す企業グループは，約7割になる．ガイドラインを示す企業グループほど，

グループ一体としての計画を立案する,つまり統合化を図っているとの仮説検証を試みた.

図表3-7 仮説7のクロステーブル

	G/Lあり	G/Lなし	総計
分社化:大	31	12	43
分社化:小	31	14	45
総計	62	26	88

推定値= 0.1484
Z値= 0.32
95%信頼区間= -0.75〜1.05

推定値,Z値,95%信頼区間の数値からみて仮説7は検証されない.

仮説8:直轄する子会社・関連会社が少ない企業グループほど,グループの利益計画を作るにあたって本社がガイドラインを示す.

同様に,直轄度とガイドラインの関係を見たのが図表3-8であり,Z値,95%信頼区間の数値からみて仮説8は検証されない.

図表3-8 仮説8のクロステーブル

	G/Lあり	G/Lなし	総計
直轄:小	28	14	42
直轄:大	29	10	39
総計	57	24	81

推定値= -0.3573
Z値= -0.74
95%信頼区間= -1.30〜0.59

仮説9:分社化の程度の高い企業グループほど,本社が単独でガイドラインを作る.

アンケート調査の問25では,問24で「本社(持株会社)がガイドラインを示す」と答えた企業グループだけに「ガイドラインはどのように作られていますか」を問うている.回答の選択肢は①本社(持株会社)単独,②関係会社の

意見を聴取，③主要関係会社と合同，④その他，となっている．図表 9 では，①を「本社単独」とし，②〜④を「事前聴取」としている．本社が単独でガイドラインを作成する企業グループほど，グループを一体として計画立案する，つまり統合化を図っているとの仮説検証を試みた．

図表 3-9　仮説 9 のクロステーブル

	本社単独	事前聴取	総計
分社化：大	20	11	31
分社化：小	9	22	31
総計	29	33	62

推定値＝ 1.4403
Z値＝ 2.7
95%信頼区間＝ 0.39〜2.49

推定値はプラスであり，Z 値は 1.96 を超えている．95%信頼区間もゼロを含んでないことから，この仮説は検証された．つまり，本社がガイドラインを示す企業グループのうち，分社化の程度が高い企業グループほど本社が単独でガイドラインを作成する．

仮説 10：直轄する子会社・関連会社が少ない企業グループほど，本社が単独でガイドラインを作る．

同様に，直轄度と本社単独でのガイドライン作成との関係を示したのが図表 3-10 である．

図表 3-10　仮説 10 のクロステーブル

	本社単独	事前聴取	総計
直轄：小	18	10	28
直轄：大	9	20	29
総計	27	30	57

推定値＝ 1.3355
Z値＝ 2.42
95%信頼区間＝ 0.26〜2.41

推定値はプラスであり，Z値は1.96を超えている．そのうえ，95％信頼区間にゼロが含まれていないので，この仮説は検証された．つまり，本社がガイドラインを示す企業グループのうち，本社直轄の子会社・関連会社が少ない企業グループほど本社が単独でガイドラインを作成する．

仮説11：分社化の程度の高い企業グループほど，グループ利益計画の策定方法としてセグメントごとの計画を積み上げる方式をとる．

アンケート調査の問26では「グループの利益計画の策定方法」を問うている．回答選択肢は(イ)セグメントごと，(ロ)長期計画と短期計画，(ハ)短期利益計画のみ策定／部分的策定，(ニ)グループの目標を定めて各単位に割り当て，(ホ)その他，であり複数回答である．

仮説11では，分社化の程度と(イ)の方式の関係を分析する．(イ)を採用されている企業グループは，回答企業グループ全体の約77％である．図表3-11横軸の「あり」はセグメントごとの積み上げ方式をとっていることを示している．

図表3-11　仮説11のクロステーブル

	あり	なし	総計
分社化：大	37	6	43
分社化：小	32	14	46
総計	69	20	89

推定値＝ 0.9454
Z値＝ 1.79
95％信頼区間＝ −0.09〜1.98

推定値はプラスであるが，Z値は1.96を下回り，95％信頼区間にゼロが含まれているので，この仮説は検証されない．

仮説12：直轄する子会社・関連会社が少ない企業グループほど，グループ利益計画の策定方法としてセグメントごとの計画を積み上げる方式をとる．

同様に，直轄度とセグメント積み上げ方式採用との関係を示したのが図表3-12である．

図表 3-12　仮説 12 のクロステーブル

	あり	なし	総計
直轄:小	39	3	42
直轄:大	26	14	40
総計	65	17	82

推定値＝ 1.8205
Z値＝ 2.82
95%信頼区間＝ 0.55〜3.09

　推定値，Z 値，95％信頼区間の数値からみて仮説 12 は検証された．つまり，本社直轄の子会社・関連会社が少ない企業グループほど積み上げ方式で利益計画を作成する．

仮説 13：分社化の程度の高い企業グループほど，グループ利益計画の策定方法としてグループ目標額の割り当て方式をとる．

　アンケート調査の問 26(ニ)を被説明変数とする．約 1/4 の企業グループがこの方式を採用している．下表の「あり」は割り当て方式を採用していることを表している．割り当て方式を採用している企業グループは，回答企業グループの約 27％である．

図表 3-13　仮説 13 のクロステーブル

	あり	なし	総計
分社化:大	18	25	43
分社化:小	6	40	46
総計	24	65	89

推定値＝ 1.5086
Z値＝ 2.89
95%信頼区間＝ 0.49〜2.53

　推定値，Z 値，95％信頼区間の数値からみて仮説 13 は検証された．すなわち，分社化の程度の高い企業グループほど利益計画策定にあたっては，グループの目標額を定めて，それを割り当てる方式を採用する傾向がある．

仮説 14：直轄する子会社・関連会社が多い企業グループほど，グループ利益計画の策定方法としてグループ目標額の割り当て方式をとる．

同様に，直轄度とグループ目標額の割り当て方式採用との関係を示したのが図表 3-14 である．

図表 3-14　仮説 14 のクロステーブル

	あり	なし	総計
直轄：小	14	28	42
直轄：大	7	33	40
総計	21	61	82

推定値 = 0.8209
Z値 = 1.59
95%信頼区間 = −0.19～1.83

推定値，Z値，95%信頼区間の数値からみて仮説 14 は検証されない．

仮説 15：分社化の程度の高い企業グループほど，子会社・関連会社の統廃合の基準を設けている．

アンケート調査の問 34 では「業績評価に基づく子会社・関連会社の整理・統廃合基準を設けているか」を問うている．約 76％の企業グループが整理・統合の基準を有していない．下表の横軸で「あり」は統廃合基準があることを示している．

推定値，Z値，95％信頼区間の数値からみて仮説 15 は検証された．つまり，分社化の程度が高い企業グループほど，業績評価に基づく子会社・関連会社の整理・統廃合基準を設けていることが検証された．

図表3-15　仮説15のクロステーブル

	あり	なし	総計
分社化:大	15	28	43
分社化:小	3	40	43
総計	18	68	86

推定値＝ 1.8395
Z値＝ 2.87
95%信頼区間＝ 0.58〜3.09

仮説16：直轄する子会社・関連会社が少ない企業グループほど，子会社・関連会社の統廃合の基準を設けている．

同様に，直轄度と子会社・関連会社の統廃合の基準との関係を示したのが図表3-16である．

図表3-16　仮説16のクロステーブル

	あり	なし	総計
直轄:小	12	30	42
直轄:大	5	32	37
総計	17	62	79

推定値＝ 0.8845
Z値＝ 1.55
95%信頼区間＝ −0.23〜2.00

推定値，Z値，95％信頼区間の数値からみて仮説16は検証されない．

仮説17：分社化の程度の高い企業グループほど，子会社・関連会社が個別に外部から資金調達する権限を有している．

アンケート調査の問36では「関係会社各社が個別に外部から資金調達できるか」を問うている．約6割の企業グループにおいて，子会社・関連会社の各企業が独自に外部資金を調達する権限を有している．下表の横軸で「あり」は，子会社・関連会社に資金調達権限があることを示している．

第3章　グループ経営におけるマネジメント・コントロール
　　　－分散と統合のマネジメント－　59

図表3-17　仮説17のクロステーブル

	あり	なし	総計
分社化:大	29	13	42
分社化:小	25	20	45
総計	54	33	87

推定値＝ 0.5634
Z値＝ 1.27
95%信頼区間＝ －0.30～1.43

推定値，Z値，95%信頼区間の数値からみて仮説17は検証されない．

仮説18：直轄する子会社・関連会社が多い企業グループほど，子会社・関連会社が個別に外部から資金調達する権限を有している．

同様に，直轄度と子会社・関連会社の資金調達権限との関係を示したのが図表3-18である．

図表3-18　仮説18のクロステーブル

	あり	なし	総計
直轄:小	24	16	40
直轄:大	25	15	40
総計	49	31	80

推定値＝ －0.1025
Z値＝ －0.23
95%信頼区間＝ －0.99～0.79

推定値，Z値，95%信頼区間の数値からみて仮説18は検証されない．

仮説19：分社化の程度の高い企業グループほど，子会社・関連会社からの配当支払に対する基準を設けている．

アンケート調査の問38では「子会社・関連会社からの配当支払に対する基準を設けているか」を問うている．下表で「あり」は，基準を設けていることを示している．約65%の企業グループが基準を設けていない．

図表 3-19　仮説 19 のクロステーブル

	あり	なし	総計
分社化:大	17	24	41
分社化:小	9	34	43
総計	26	58	84

推定値＝ 0.9532
Z値＝ 1.98
95％信頼区間＝ 8.7E-3〜1.9

　推定値，Z値，95％信頼区間の数値からみて仮説 19 は検証された．つまり，分社化の程度の高い企業グループほど，子会社・関連会社からの配当支払に対する基準を設けていることが検証された．

仮説 20：直轄する子会社・関連会社が多い企業グループほど，子会社・関連会社からの配当支払に対する基準を設けている．

　同様に，直轄度と子会社・関連会社の配当金支払基準の有無との関係を示したのが図表 3-20 である．

　推定値，Z値，95％信頼区間の数値からみて仮説 20 は検証されない．

図表 3-20　仮説 20 のクロステーブル

	あり	なし	総計
直轄:小	15	24	39
直轄:大	9	30	39
総計	24	54	78

推定値＝ 0.7086
Z値＝ 1.44
95％信頼区間＝ -0.26〜1.68

仮説 21：分社化の程度の高い企業グループほど，子会社・関連会社の業績をその社長の考課に反映する．

　アンケート調査の問 42 では「子会社・関連会社の社長の考課について，組織業績評価の結果を人事考課に反映させているか」を問うている．約 54％の企業グループでは反映させている．下表で「あり」は，反映させていることを示して

いる.

図表 3-21　仮説 21 のクロステーブル

	あり	なし	総計
分社化：大	28	13	41
分社化：小	21	18	39
総計	49	31	80

推定値＝ 0.5969
Z値＝ 1.3
95%信頼区間＝ -0.30～1.49

　推定値, Z値, 95%信頼区間の数値からみて仮説 21 は検証されない.

仮説 22：直轄する子会社・関連会社が多い企業グループほど, 子会社・関連会社の業績をその社長の考課に反映する. 同様に, 直轄度と子会社・関連会社社長の人事考課との関係を示したのが図表 3-22 である.

図表 3-22　仮説 22 のクロステーブル

	あり	なし	総計
直轄：小	21	15	36
直轄：大	26	11	37
総計	47	26	73

推定値＝ -0.5076
Z値＝ -1.05
95%信頼区間＝ -1.46～0.44

推定値, Z値, 95%信頼区間の数値からみて仮説 22 は検証されない.

§5　分析結果

　前節の結果から検証された仮説をまとめると, 次のようになる.
(1)分社化の程度の高い（子会社・関連会社数の多い）企業グループには, 次のような傾向がある.
利益計画策定のためのガイドラインを本社単独で作る（仮説 9）.
利益計画の策定方法として, グループ目標額の割り当て方式をとる（仮説 13）.

子会社・関連会社の統廃合の基準を設ける（仮説15）．
子会社・関連会社からの配当支払に関する基準を設けている（仮説19）
(2)本社が直轄する子会社・関連会社が少ない企業グループには，次のような傾向がある．
利益計画策定のためのガイドラインを本社単独で作る（仮説10）．
利益計画の策定方法として，セグメントごとの計画を積み上げる方式をとる（仮説14）．

§6　分析結果の考察と今後の課題

　以上の分析結果について，いくつかのコメントを述べておきたい．
(1)　最初に述べたように，相関関係が認められる2つの説明変数を用いたが，以下(2),(3)に示すように明らかに異なる結果が得られたことから，独立の変数とみなす実務的な妥当性が得られたと考えられる．
(2)　利益計画の立案の方法については，分社化の程度の高い企業グループでは割り当て方式が，直轄度の低い企業グループでは積み上げ方式がとられる傾向が検証された．割り当て方式を統合的，積み上げ方式を分散的と対立的に捉え，分社化の程度の高さ，直轄度の低さを共に分散度の高さという一つの尺度に置き換えると矛盾が生じる．
　この矛盾は次のように説明されるのではないだろうか．つまり「分散的管理－統合的管理」という視点ではなく，効率的管理という視点である．分社化の程度が高まる，つまり子会社・関連会社が増えると，それらのすべてから情報を収集して利益計画を作り上げることが労力的・日程的に困難になるという側面がある．そのため，管理の効率化の視点から割り当て方式になることが考えられる．
　また，直轄度についていえば，事業部等の内部組織の管理下にある子会社・関連会社が増えると直轄度が低くなるという側面がある．これらの子会社・関連会社は，一般に生産子会社や販売子会社などとして本業の一部を担っており，

そのために積み上げ方式にならざるを得ないのではないだろうか．逆にいえば，直轄される子会社・関連会社ほど本業から離れた事業に携わっていることを示しているように思われる．

(3) 「業績評価に基づく整理・統合の基準」と「配当基準」に関しては，分社化の高さとの関連性は検証できたものの直轄度との関連性は検証されなかった．それは管理対象企業数が増えることによる管理の煩雑さを基準化することで回避するという効率的管理の側面が強く表われた結果であろう．

子会社・関連会社の整理・統廃合は経営上の重大な意思決定であり，基準に則って機械的になされるものとは考えにくい．それを基準化するということは，実は経営の意思決定を仰ぐための俎上に載せる基準を作ることであり，整理・統廃合への検討を開始することを知らせるアラームに過ぎないのが一般的である．管理対象企業数が増えることによって，このアラームを機械的に鳴らす必要が生じたということであろう．

また，配当基準についても，基準がないから株主として配当を要求しない，子会社・関連会社の意志に任せるということを意味するわけではない．基準はなくとも本社が一方的に配当金額を要求することも考えられる．数多い子会社・関連会社の配当金額に一定の基準を設けるというのは，管理の簡素化・効率化の視点からも捉える必要があろう．

(4) ガイドラインを作成する企業グループ数は，回答企業グループの7割近くになるが，本社が子会社・関連会社に事前の相談なしに単独でガイドラインを作成する企業グループは，そのうちの半数に満たない．しかしながら，分社化の程度の高いグループ，直轄度の低いグループの両方で，本社が単独でガイドラインを作る傾向が検証された．

分散度の高い企業グループは，グループ利益計画を立案する際にガイドラインを通じて本社の意向を伝えることで，グループを統合的に管理していることが分かる．

今回のアンケート調査は，グループ経営全般にわたる内容をカバーすることを目的としており，本分析内容を意図したものではないので，説明変数，被説

明変数に多少の無理があった．また標本の回収数が多少なかったために，信頼度が必ずしも高くはない．この分析結果を仮説発見の一助として，今後の研究の基礎と致したい．

参考文献

伏見多美雄.2001.「分散と統合の戦略マネジメント」日本管理会計学会　研究部会論文集；２００１年第１号.

伊藤邦雄.1999.『グループ連結経営』日本経済新聞社.

木村幾也.1991.「関係会社の会計・管理及び監査に関する実態調査」日本内部監査協会.

木村幾也ほか.2003.「「グループ経営に関する実態調査」報告書」,『監査研究』日本　内部監査協会.

門田安弘.1999.「管理会計研究のパラダイム・シフト－分権的組織の管理会計の新しいパラダイム－」,『会計』第１５５巻　第２号.

門田安弘.2001.『管理会計－戦略的ファイナンスと分権的組織管理－』税務経理協会.

門田安弘.2003.『経営・会計の実証分析入門－SPSS による企業モデル分析』中央経済社.

第4章　グループ経営と業績管理指標

神戸大学　松　尾　貴　巳

§1　はじめに

　本章の目的は，わが国企業のグループ経営における経営管理の実態を，業績管理指標の視点から捉え検討することにある．まず，1990年代以降重視されるようになった「株主価値重視」などのグループ経営に関連する経営課題を整理し，業績管理上の課題を整理している．次いで，グループ経営に関する実態調査結果（管理会計学会グループ経営委員会，2002）のデータに基づき，業績管理指標に関わる定量的分析と考察を試みている．たとえば，「株主価値重視」に関連した業績管理指標がどの程度，どのように使用されているかは重要な関心テーマである．また，本稿においては，分析の対象をグループ企業だけでなく社内の事業部門に広げており，両者における業績管理の比較を通じてグループ経営における業績管理の特徴を明らかにすることを試みている．

§2　グループ経営における業績管理上の検討課題

2.1　グループ経営の必要性

　1980年代に多角化を進めてきた欧米企業が，90年代に入るとコア事業に経営資源を集中させるようになった．わが国においても，バブル経済崩壊以降，多くの多角化企業において成長事業への経営資源の集中と不採算事業の見極め，整理・統廃合などの事業再編が市場競争力を高めるための重要な経営課題とな

った．そして，企業間競争は個別対個別企業からM&Aや分社化を繰り返しながらグループ間同士で行なわれるようになってきた（伊藤邦雄，1999）．制度面においても，会社分割制度，株式交換制度など，事業再編を進めやすい環境となった．その結果，グループ企業の経営管理においても，事後的な「グループ管理」から，事業構造改革に向けた戦略的意思決定を行なう「グループ経営」の重要性が高まってきたといえる．

事業再編に関わる戦略的意思決定を行なうようなグループ経営にとって，業績管理面ではキャッシュフローによる管理情報が重要となってきた（櫻井通晴，1998）．とくに，事業部・分社・子会社への分権化が進むにしたがって，比較的近い将来の発生主義会計の利益指標と長期的なキャッシュフロー利益への要求という背反性のある指標を同時に満足する管理が求められるようになってきており（伏見多美雄，1998），グループ経営の管理において両者をいかにバランス良く管理できるかが課題になっている．

2.2 株主価値を重視した経営の必要性

金融経済の発展，投資環境の拡大・複雑化に伴い，「受託責任の管理―原価管理」から「投資決定有用性―時価評価」志向が強まってきた（古賀智敏，2000）．これは，投資家に対して将来的キャッシュフローを前取りした情報を提供することが重要になったことを意味し，連結キャッシュフロー計算書の作成だけでなく，経営管理面にどのように反映させるかが課題となる．

株主価値を重視した経営では，営業キャッシュフローの増大と資本費用の削減が志向される点で（西澤脩，2000），キャッシュフロー指標は重要な業績管理指標となる．また，資本費用を反映した評価指標としては経済的付加価値指標がある．その代表的な管理指標であるＥＶＡ™は，わが国では1990年代後半以降ソニーや花王などが採用したことで注目され，ソニーやキリンビールなどはグループ企業の業績管理にも使用している．ＥＶＡ™に類似の指標を導入した企業もあり，HOYA，松下電器産業，松下電工などが導入している．ＥＶＡ™は，成長志向，報酬制度とのリンケージによる企業文化の変革，総合的

指標としての評価の明瞭性などの点でメリットが指摘されており（藤森裕司，1999），とくに，報酬との関連性においては，株主重視の視点で業績を報酬にリンクさせる理論的妥当性の高さが指摘されている（田中隆雄，1999）．

他方，業績管理において，キャッシュフロー，ＥＶＡ™などの株主価値を重視した指標を，既存の評価制度の中にどのように組み込んでいくかが課題となる．ＥＶＡ™では，会計制度で得られる数値を調整することで，キャッシュフローに近い管理が行なわれる可能性があるが（小林哲夫，2002），その場合は，キャッシュフロー指標と併用するか否かも重要な検討課題となろう．

2.3 資産・資本効率性管理の必要性

アメリカ企業は，事業部制の採用において古くからＲＯＩ（投下資本利益率）などの資産・資本収益性指標を重視してきたが（田中隆雄，1998），わが国では，1990年代半ば以降ようやく資産収益性指標にも目を向け始めたという経緯がある（松尾貴巳，1996）．この背景には，かんばん方式など資産回転率の向上に寄与する経営管理システムと，下請企業の存在やメインバンク制などの日本的経営によるハイブリッド型管理会計により，全体として投資利益率による管理ができてきたことが理由としてあげられている（上總康行，2003）．

ただし1990年代以降は，トヨタのように自ら海外投資を積極的に行なってきた企業にとっては，グループレベルの貸借対照表（以下Ｂ／Ｓという）管理が重要になった．また，金融ビッグバン以降メインバンク自身がグローバルな市場原理に晒されるようになったことで，企業にとっては資金調達面に配慮した投資利益率管理の重要性も高まっている．業績管理においては，ＲＯＡ（総資産事業利益率）やＲＯＥ（株主資本利益率）といった資産・資本収益性指標による管理が重視されるようになり，これらの指標は社債格付においても重視されている．グループレベルでＢ／Ｓ管理を行なっていく上では事業部門との連結の問題もあり，資産・資本収益性指標を事業部門およびグループ企業の業績管理にいかに適用していくかが重要な課題となっている．

2.4 非財務数値による管理の必要性

ＥＶＡ™などの経済的付加価値の向上を目指した経営が企業価値の増加に貢献するとの見解が示される一方で，業績管理としては必ずしも十分でないとする指摘もある．すなわち，ＥＶＡ™は投資家の立場からの業績評価指標としては最適であるが，従業員，経営者，金融機関など多元的目的を志向する場合は合理的でなく，とくに日本企業にとっては負債比率の大きさや資本市場の効率性の点でアメリカに比べ合理性が小さいとの指摘がある（櫻井通晴，2001）．またＥＶＡ™は，会計データの歪みを修正する点に意義があるとされるが，そこでの修正は企業価値にとって重要なドライバーである無形資産全体を対象としたものではなく（挽文子，2001），無形資産の合理的評価という点においては，非財務数値指標も重要であるとの指摘がなされている．

したがって，グループ企業の業績管理においても，ＢＳＣ（バランスト・スコアカード）など非財務数値指標の活用が考慮される．ＢＳＣは戦略マネジメントの観点から企業の業績を総合的な視点で評価しようとするものであり，戦略の実現を通じて企業価値を高めてくれるものだとすれば，グループとしての企業価値を高めるツールとしても，その導入が検討されるべきものとなる．また日本企業は，従来から品質，製品開発の成果，新製品売上高比率などの非コスト・リーダーシップ的な戦略に関連する指標や，顧客満足度，安全率などの指標を重視する傾向があることが指摘されており（星野優太，1999），これらの点を考慮すると，グループ企業の経営管理において，ＢＳＣを含め非財務数値による管理をどの様に取り入れていくかが課題であるといえる．

2.5 カンパニー制等分権型組織の採用

カンパニー制に代表される分権型組織は，ソニーが1994年に導入したもので，西澤（西澤脩，1995・96），木村（木村幾也，1995・98），伏見（伏見多美雄・渡辺康夫，1995）などの定義にあるように，社内の事業部門を経営管理上は法人として独立した会社と同様に扱うことが志向されたものである．カンパニー制を標榜しない例えば松下電器産業の標榜する社内分社制などもカンパ

ニー制(以下「カンパニー制等」という)の定義に合致する部分が多い．カンパニー制等は，権限・責任の明確化や事業連結のための業績管理単位として，あるいは，本社内の事業部門を分社化し本社を持株会社化していくための準備段階として(ミツカン，旭化成など)，また，子会社の事業と社内事業部門を再編する上での社内事業の管理単位として活用される場合がある(松下電器産業).

カンパニー制等の分権型組織が志向される場合，社内の事業部門(カンパニー等)はインベストメント・センターとして認識され，事業部門において利益，資産効率，フリー・キャッシュフローのバランス管理が求められるようになる(浅田孝幸，1999)．また，事業別管理を行なう上では，社内の事業部門に関連するグループ企業との事業別連結情報が不可欠であるため(挽文子，1998)，社内の事業部門はB／Sも含めた管理が求められる．したがって，社内事業部門ととくにコアとなるグループ企業との経営管理上の垣根は低くなるといえ，これを社内事業部門およびグループ企業の業績管理にどのように反映させていくかが課題であるといえる．

2.6 検討課題

では，実際の企業は，企業価値重視や資本効率性重視の考え方をグループ企業や事業部門の業績管理指標にどのように反映させているだろうか．また，分権化の進展した企業は，社内事業部門に対してグループ企業と同じような業績管理を行なっているのであろうか．以下では，質問票調査(アンケート)のデータを基に次のような項目について分析することで，グループ企業に対する業績管理の特徴を考察したい．

① 業績評価の多元性について：業績評価指標の使用方法を概観するため，平均的な使用指標数，使用方法．
② 業績評価指標のバリエーションについて
　(ア) 各評価指標の使用頻度の高さについて．
　(イ) 財務数値においては，伝統的な売上高，利益といったフロー関連指標のほかに資産・資本収益性指標，キャッシュフロー，経済的

付加価値指標がどの程度使用されているかについて．
- （ウ）経済的付加価値指標については，どのような指標と組み合わせて使用されているかについて．
- （エ）非財務数値指標の活用実態およびＢＳＣ導入との関連性について．
③ 分権型企業動向についての考察：分権化の進んだ企業では，本社と事業部門との関係が投資家，事業主体（被投資主体）の関係に近くなり，またグループとしての企業価値向上を志向する傾向も強まると考えられる．この点で，分権型企業においては，企業価値関連指標の使用，グループ企業に対する非財務数値の使用傾向が強まるといえるかについて．

§3　研究アプローチと関連調査項目の概要

3.1　実態調査の概要

本分析は，管理会計学会におけるグループ経営委員会が担当した「グループ経営に関する実態調査」（管理会計学会グループ経営委員会，2002）のデータに基づいている．実態調査は，グループ経営に関する，経営計画，業績評価体系，グループ企業の設立・統廃合，本社費・共通費の配賦などの広範な経営管理テーマについて，質問票調査に基づき実施したものである．質問票は一部上場企業を中心に1500社程度に郵送し，90社から回答を得ている．ただし，回答企業の半数程度については，当委員会の各メンバーが，多角化を進めてきた上場企業を中心に個別に依頼・督促などを行なったものである．

3.2　関連調査項目の概要

本考察の目的に関連して使用した実態調査票の質問項目は次の通りである．
（1）　業績管理指標の使用動向について
業績管理指標の使用動向については，以下の3つの観点で質問している．
① 評価対象：適用対象については，本社内事業部門とグループ企業との違いを分析するために，本社事業についても質問している．また，事業性

の評価（事業評価）と単年度の賞与などへの反映を目的とする組織業績評価を区分し，組織業績評価については，組織の種類について区分している（図表4-1）．
② 評価指標：業績評価指標については，図表4-2の通り，まず財務数値指標と非財務数値指標に区分し，財務数値指標については，売上高，利益指標のほか，ROA，ROE，ROI，などの資産・資本収益性指標，キャッシュフローや経済的付加価値をあげている．また，非財務数値指標には，シェア，品質関連，顧客関連の指標などをあげている．

図表4-1　評価対象の区分

本社（親会社）	事業評価	本社（本社）内事業	
	組織業績評価	事業部門／販売機能部門／生産機能部門／共通部門	
グループ企業	事業評価	グループ事業	
	組織業績評価	事業会社	コア（中核）会社／ノンコア会社
		機能子会社	販売子会社／生産子会社／用役子会社／金融子会社
		海外	海外子会社／海外子会社統括会社

図表4-2　評価指標の分類

指標区分	評価指標
財務数値指標	売上高，売上総利益，営業利益，経常利益，税引き前利益，税引き後利益，ROA（使用資産利益率），ROI（投下資本利益率），ROE（株主資本利益率），キャッシュフロー，フリー・キャッシュフロー，RI（残余利益），経済的付加価値，その他
非財務数値指標	シェア，生産高，輸出高，納税額，配当性向，在庫水準，品質水準，納期・欠品水準，設備効率・稼動率，顧客開拓率，顧客収益性，顧客満足度，新製品数，従業員満足度，その他非財務数値指標

③ 評価方法：評価方法については，絶対額評価，目標達成度評価，対前年伸び率（成長性）評価の3種類に区分している．絶対額評価は，たとえば，営業利益＝10億円であればA評価，同5億円であればB評価とするもので，前年の利益規模やどれだけ努力したかは考慮されない．他方，達成度評価は，目標ないしは計画に対する達成水準の大きさで評価しよ

うとするものであり，成長性評価は，前期などの水準をベースした伸び率の大きさで評価しようとするものである．利益に関する絶対額評価では，成長期から成熟期にある好業績事業が高く評価される一方，スタート期にある新規事業や衰退期にある事業の評価は低くなる傾向がある．他方，成長性評価においては，成熟事業より成長過渡期の事業の評価が高くなり，目標達成度においては，仮に赤字事業であっても達成度が高ければ黒字事業よりも高く評価される可能性がある．このように，評価方法を変えることで多様な評価が可能となるが，複数の事業を異なる評価方法で評価する場合，業績評価システムは複雑なものとなる．

（2）分権型企業

カンパニー制等分権経営を標榜する企業とそれ以外の企業との間で，業績管理指標の使用方法に違いが見られるかを考察するため，本分析では，組織呼称の設問において「カンパニー制」，「社内分社制」，「純粋持株会社制」と回答した企業20社（母数90社）を「分権型企業」とし，それ以外の企業を「非分権型企業」とした．また，カンパニー制等を標榜する企業が分権化の進んだ管理を行なっているかどうかを考察するため，質問票の中にある組織機能や組織運営に関する以下の項目について差異が見られるか否かについて検討している．

① 事業部門（カンパニーなど）がどれほど多くの機能を有しているか．
② 事業部門に関連する子会社を事業部門に連結させて評価しているか否か．
③ 株式交換制度の活用もしくは活用の予定にあるか否か．
④ 本社内の事業部門に社内資本金制度を採用している場合，事業部門の社内資本金に子会社出資金を含めているか否か．
⑤ 本社をグループ本社機能に特化させる，もしくは，グループ本社機能と事業執行機能に分化することを志向しているか否か．
⑥ グループ会社について，業績評価に基づく整理・統廃合基準を設置しているか否か．

§4 分析結果

4.1 評価指標の使用数,評価方法

　評価対象別の評価指標数は図表4-3の通りである.企業が使用している評価指標の数の差は大きく,例えば,「本社の有する事業の事業性評価」については,27個の評価指標を使用している企業もあれば,1つの評価指標しか使用しない企業もある.

　回答企業の平均をみると,「本社の有する事業の事業性評価」について,平均7.9個の評価指標が使用されているなど,多様な指標が組み合わされて使用されていることが伺える.グループ企業についても,事業評価において,平均6.4個,コア会社については6.1個の評価指標が使用されている.本社内,グループそれぞれについて,事業評価と組織業績評価に使用されている指標の数を比較すると,いずれも事業評価の方が多く,より多面的な評価がなされている.また,組織業績評価に使用される評価指標数について,本社内とグループ企業を比較すると,本社事業部門とコア会社,本社販売機能部門と販売子会社,本社生産機能部門と生産子会社,それぞれの対比においてグループ会社に対する評価においてより多くの評価指標が使用されている.このことから,グループ企業に対する評価においては,評価対象によっては本社内よりも多面的に評価しようとする傾向が伺える.

4.2 評価方法のバリエーション

　図表4-4は,評価対象ごとに,複数の評価方法を併用している企業の割合,目標達成度指標を使用している企業の割合を示したものである.本社に関しては,生産機能部門,共通部門を除けばそれぞれの項目について約8割の企業が複数の評価方法を使用している.グループ企業に関しても,事業評価においては82.6%,組織業績評価においても,ノンコア,金融子会社を除けば,7～8割程度の企業が評価方法を併用しており,とくに達成度評価を中心とした多様な評価方法が行なわれていることが伺える.

図表4-3　評価対象別使用指標数

評価対象区分			最高	最低	平均(回答企業)
親会社（本社）	事業評価		27	1	7.9
	組織業績評価	事業部門	20	1	5.7
		販売機能部門	13	1	3.6
		生産機能部門	13	1	4.3
		共通部門	13	1	2.9
グループ企業	事業評価		18	1	6.4
	組織業績評価	事業会社 コア（中核）会社	24	1	6.1
		事業会社 ノンコア会社	16	1	4.6
		機能子会社 販売子会社	15	1	5.5
		機能子会社 生産子会社	18	1	5.4
		機能子会社 用役子会社	15	1	4.3
		機能子会社 金融子会社	8	1	2.8
		海外 海外子会社	18	1	5.5
		海外 海外子会社統括会社	15	1	5.5

図表4-4　評価対象別にみた評価方法の併用率・目標達成度使用率

評価対象区分			併用率	目標達成度使用率
親会社（本社）	事業評価		81.5%	90.7%
	組織業績評価	事業部門	79.5%	92.3%
		販売機能部門	78.9%	97.4%
		生産機能部門	58.6%	86.2%
		共通部門	50.0%	93.8%
グループ企業	事業評価		82.6%	89.1%
	組織業績評価	事業会社 コア（中核）会社	72.7%	88.6%
		事業会社 ノンコア会社	65.6%	84.4%
		機能子会社 販売子会社	75.0%	87.5%
		機能子会社 生産子会社	71.0%	83.9%
		機能子会社 用役子会社	70.0%	90.0%
		機能子会社 金融子会社	41.7%	83.3%
		海外 海外子会社	72.7%	84.8%
		海外 海外子会社統括会社	78.6%	92.9%

4.3　業績管理指標のバリエーション

使用される評価指標のバリエーションについて，図表4-5は評価指標ごとの使用企業数の多さについて，上位8位までの順位付けを行なったものである．

第4章 グループ経営と業績管理指標

生産機能部門を除けば，上位（1位～4位）はいずれも売上高や，営業利益，経常利益といったフローの損益計算に関連する指標が並び，5位以下になると，ＲＯＡなどの資産収益性指標やキャッシュフロー指標の使用が見られる．

生産機能について，生産子会社については，損益計算書項目やＲＯＡが重視されており，品質水準は7位になっているが，本社内にある生産機能部門については，上位において品質水準や在庫水準といった非財務数値指標が重視されており，機能評価が重視されている．販売機能も同様の傾向が見られ，販売子会社については財務数値指標中心の業績管理が行なわれているのに対して，本社内の販売機能部門については，とくに5位以下についてみると，シェアや在庫水準，顧客開拓率や顧客満足度といった非財務数値指標が使用されている．

図表4-5 評価対象別にみた評価指標の使用順位（評価指標別使用企業数）

評価対象区分				1位	2位	3位	4位	5位	6位	7位	8位
親会社（本社）	事業評価			売上高	経常利益	営業利益	税後利益	ROA	売上総利益	ROE	キャッシュ・フロー
	組織業績評価	事業部門		売上高	営業利益	経常利益	売上総利益	シェアー	税後利益	ROA	在庫水準
		販売機能部門		売上高	営業利益	売上総利益	経常利益	シェアー	在庫水準	顧客開拓率	顧客満足度
		生産機能部門		生産高	品質水準	在庫水準	売上高	売上総利益	納期・欠品水準	設備稼動・利用率	営業利益
		共通部門		売上高	営業利益	売上総利益	経常利益	品質水準	税後利益		
グループ企業	事業評価			売上高	経常利益	営業利益	税後利益	売上総利益	ROA	売上総利益	税引前利益
	組織業績評価	事業会社	コア（中核）会社	売上高	経常利益	営業利益	税後利益	売上総利益	フリー・キャッシュフロー	ROA	税引前利益
			ノンコア会社	売上高	経常利益	営業利益	税後利益	税引き前利益	ROA	フリー・キャッシュフロー	売上総利益
		機能子会社	販売子会社	売上高	経常利益	営業利益	税後利益	税後利益	ROA	売上総利益	キャッシュ・フロー
			生産子会社	売上高	経常利益	営業利益	税後利益	税引前利益	ROA	品質水準	フリー・キャッシュフロー
			用役子会社	売上高	経常利益	営業利益	税前利益	税後利益	キャッシュ・フロー	売上総利益	ROA
			金融子会社	売上高	経常利益	営業利益	税前利益	税後利益	フリー・キャッシュフロー	ROA	売上総利益
		海外	海外子会社	売上高	経常利益	営業利益	税前利益	税後利益	ROA	フリー・キャッシュフロー	キャッシュ・フロー
			海外子会社統括会社	売上高	売上総利益	営業利益	経常利益	税引前利益	税後利益	キャッシュ・フロー	フリー・キャッシュフロー

図表4-6は，主な評価対象に関する評価指標の使用率を示したものである．売上高，経常利益といったフローの損益計算項目が重視されているのは上述の通りであるが，使用率でみれば資産収益性指標なども一定の使用率がある．たとえば，本社内事業のＲＯＡによる評価については，事業評価を実施している企業の44％，ＲＯＥについても4割近い企業が評価を行なっており，社内の事

業においてもある程度B／S管理が進んでいることが伺える．他方，グループ企業については，必ずしも事業評価や組織業績評価にB／S関連指標が使用されている訳ではない．使用率の程度から考えると，売上高，利益などのフローの損益計算指標に対して補完的に使用されている可能性が高い．

図表4-6 評価対象別にみた評価指標の使用率

	評価対象	親会社(本社)		グループ企業				
評価指標		事業評価	事業部門	事業評価	コア(中核)会社	ノンコア会社	販売会社	生産会社
回答企業母数		61	46	53	51	39	35	35
財務数値指標	売上高	77.0%	71.7%	77.4%	74.5%	69.2%	85.7%	57.1%
	売上総利益	41.0%	37.0%	35.8%	31.4%	23.1%	28.6%	22.9%
	営業利益	59.0%	56.5%	56.6%	60.8%	46.2%	51.4%	42.9%
	経常利益	73.8%	56.5%	77.4%	68.6%	61.5%	51.4%	48.6%
	税引き前利益	34.4%	21.7%	30.2%	27.5%	28.2%	34.3%	31.4%
	税引き後利益	49.2%	26.1%	47.2%	41.2%	41.0%	34.3%	34.3%
	キャッシュフロー	37.7%	19.6%	28.3%	25.5%	17.9%	28.6%	22.9%
	フリー・キャッシュフロー	32.8%	23.9%	28.3%	29.4%	25.6%	25.7%	25.7%
	ROA	44.3%	26.1%	35.8%	29.4%	28.2%	31.4%	31.4%
	ROI	16.4%	8.7%	13.2%	9.8%	2.6%	2.9%	11.4%
	ROE	39.3%	15.2%	28.3%	23.5%	17.9%	11.4%	17.1%
	RI	4.9%	2.2%	1.9%	2.0%	0.0%	0.0%	2.9%
	経済的付加価値	23.0%	17.4%	13.2%	11.8%	12.8%	11.4%	11.4%
非財務数値指標	シェアー	34.4%	28.3%	22.6%	17.6%	10.3%	28.6%	17.1%
	生産高	19.7%	15.2%	13.2%	11.8%	7.7%	8.6%	17.1%
	輸出高	9.8%	4.3%	3.8%	3.9%	2.6%	2.9%	0.0%
	納税額	6.6%	0.0%	0.0%	2.0%	0.0%	0.0%	0.0%
	配当性向	16.4%	0.0%	11.3%	11.8%	7.7%	11.4%	11.4%
	在庫水準	34.4%	23.9%	26.4%	23.5%	10.3%	28.6%	25.7%
	品質水準	23.0%	21.7%	17.0%	21.6%	7.7%	8.6%	31.4%
	納期・欠品水準	19.7%	15.2%	15.1%	15.7%	7.7%	11.4%	20.0%
	設備効率・稼働率	23.0%	15.2%	18.9%	17.6%	7.7%	5.7%	22.9%
	顧客開拓率	9.8%	4.3%	3.8%	5.9%	2.6%	5.7%	0.0%
	顧客収益性	8.2%	0.0%	1.9%	3.9%	0.0%	2.9%	0.0%
	顧客満足度	18.0%	15.2%	9.4%	15.7%	7.7%	11.4%	2.9%
	新製品数	11.5%	8.7%	5.7%	5.9%	5.1%	2.9%	2.9%
	従業員満足度	11.5%	6.5%	3.8%	2.0%	0.0%	0.0%	0.0%

キャッシュフロー関しては，本社内事業評価について，37.7%，本社，グループ企業共に3割程度の使用率となっている．フリー・キャッシュフローによる事業評価については，本社，グループ企業共に3割程度である．キャッシュフロー指標を使用する企業のフリー・キャッシュフローの使用動向を見ると，必ずしもいずれかの選択ではなく，キャッシュフロー指標を使用する約半数の

企業がフリー・キャッシュフロー指標を併用している.

1990年代半ば以降注目されてきた経済的付加価値指標に関しては,本社内の事業評価について23％,グループ企業の事業評価について13％の企業が採用している.組織業績評価への適用は1～2割であり,浸透している水準とはいえない.RI（残余利益）に関しては,0～5％であり,ほとんど適用が見られない水準である.また,経済的付加価値指標を使用する企業の他の評価指標の使用状況をみると（図表4-7）,大半の企業が売上高をはじめとする経済的付加価値指標以外の評価指標を併用している.単独で使用される傾向は極めて小さいといえ,株主価値重視指標も「薄めて」使用されているのが現状である.また,他の指標との併用においては,キャッシュフローもしくは営業利益などフローの利益指標のいずれかが併用される傾向が強い.

非財務数値指標については,使用順位で比較的上位にあがったシェア,在庫水準,品質水準といった指標の使用率が比較的高い.これらの指標は,本社内においては,事業部門の組織業績評価について2割を超える企業が使用しており,また,納期・欠品水準,顧客満足度なども15％程度の企業が使用している.グループ企業の評価においては,事業評価について,シェア,在庫水準を2割程度の企業が使用しており,販売会社についてはシェアや在庫水準,生産会社については品質水準を3割程度の企業が使用している.このことから,グループ企業に対しても非財務数値指標がある程度使用されているといえる.

BSCによる管理について,本調査においては,BSCを導入していると表明している企業は9社であり,そのうち,6社がグループ企業に対しても適用していると回答している.非財務数値指標を使用している企業の中には,BSC導入企業が含まれているが,BSC導入企業のみが非財務数値指標を活用しているわけではない.BSCといった管理手法の導入とは無関係に,非財務数値指標による管理の必要性を認識し使用している企業があることが伺える.

図表4-7：経済的付加価値指標を使用する企業の評価指標の使用状況

指標＼対象	本社内事業	本社内部門	グループ事業	コア会社	指標＼対象	本社内事業	本社内部門	グループ事業	コア会社
母数	13	8	7	6	シェアー	31%	50%	29%	17%
売上高	77%	75%	71%	67%	生産高	31%	13%	14%	0%
売上総利益	54%	50%	29%	17%	輸出高	23%	13%	0%	0%
営業利益	62%	50%	71%	50%	納税額	23%	0%	0%	0%
経常利益	54%	50%	43%	33%	配当性向	31%	0%	14%	17%
税引き前利益	46%	25%	29%	17%	在庫水準	38%	50%	29%	33%
税引き後利益	69%	50%	86%	50%	品質水準	23%	38%	29%	50%
CF	46%	50%	43%	50%	納期・欠品水準	31%	50%	29%	33%
FCF	38%	38%	43%	33%	設備効率・稼働率	31%	38%	43%	33%
ROA	38%	38%	43%	33%	顧客開拓率	23%	13%	14%	17%
ROI	23%	25%	0%	0%	顧客収益性	15%	0%	0%	0%
ROE	54%	50%	29%	17%	顧客満足度	31%	38%	29%	50%
RI	15%	0%	0%	0%	新製品数	31%	25%	29%	17%
経済的付加価値	100%	100%	100%	100%	従業員満足度	23%	0%	0%	0%

4.4　業績管理指標の使用における分権型企業の特徴

（1）分権型企業の特徴

　業績管理指標における分権型企業と非分権型企業の使用方法の違いを考察するに際して，まず両者が，組織機能や経営管理方法について差異があるグループか否かについて検討した．

　まず経営機能面においては，本社内の事業部門で保有する機能の保有率を比較した．分権化が進んでいれば，事業部門においてより多くの経営機能を有していると考えられる．図表4-8の通り，それぞれの経営機能について，分権型企業の方が事業部門においてより多くの機能を保有する傾向が見られる．ただし，統計的に有意（5％で有意）な差異が見られたのは特許関連部門の保有のみであった．次に，経営管理面においては，図表4-9のそれぞれの項目について，分権型の方がより高い比率が得られ，次の2つの点については統計的差異（5％で有意）が見られた．すなわち，分権型企業は，①事業部門に関連する子会社を事業部門に連結させて評価する傾向が強いこと，②本社をグループ本社機能に特化させる，もしくは，グループ本社機能と事業執行機能に分化する

ことを志向する傾向が強いことである．このように，分権型企業は事業部門の経営機能を強化すると共に機能分化指向が強く，これらの点で，分権型と非分権型は，経営管理の特徴に明確な差異は見られないものの，一定の違いがあると考えられるグループである．

図表 4-8　本社内事業部門で保有する経営機能の保有率

	マーケティング	研究開発	海外事業担当	販売統括	製造統括	購買	人事	与信	経理	特許	物流	経営企画
分権型	57.9%	57.9%	57.9%	52.6%	47.4%	47.4%	36.8%	36.8%	36.8%	36.8%	36.8%	31.6%
非分権型	50.8%	40.0%	40.0%	47.7%	35.4%	30.8%	21.5%	21.5%	24.6%	15.4%	27.7%	20.0%

図表 4-9　経営管理項目別にみた分権型，非分権型企業の採用率

	質問事項	分権型	非分権型
①	事業関連グループ会社の事業連結を行なっている	55.6%	26.9%
②	本社のグループ本社化（事業執行機能との分化）を志向している	58.8%	16.2%
③	株式交換制度を活用もしくは活用を予定している	38.9%	19.1%
④	事業部門社内資本金にグループ会社出資金を繰り入れている	63.6%	30.4%
⑤	グループ企業の整理・統廃合基準を明示化している	35.0%	16.4%

（2）分権経営と業績管理指標

　業績管理指標の使用に関する分権型企業と非分権型企業の傾向差について，図表4-10は，主な評価対象別に評価指標の使用率を見たものである．事業評価を見ると本社内，グループ企業においても，分権型企業は売上高を相対的に重視しない傾向があり，ＲＯＡや経済的付加価値指標を重視する傾向がある．とくに本社内事業評価においてはＲＯＡが経常利益と並んでもっとも重視される指標であることが注目される．他方，コア会社評価においては，ROE，経済的付加価値を重視する傾向が見られ，本社がより投資家に近い立場で評価しようとする傾向が伺える．ただし，統計学的な有意性（5％で有意）が得られたのは図表4-11に掲げた指標のみであり，差異が明確となった点は，分権型企業は非分権型に比べ，①本社内事業評価においては売上高を重視しない，②グループ事業評価においては売上高，税引き前利益を重視しない，③コア会社評

価においては経済的付加価値指標を重視する点である．

また，非財務数値指標については，図表4-10の使用率において明確な差異は認められないが，グループ企業にBSCを適用する6社のうち4社は分権型企業であり，BSCの導入において，分権型企業はグループ企業に対しても積極的に非財務数値による管理を導入しようとしている傾向が伺える．

図表4-10 主な評価対象別に見た分権型，非分権型企業の評価指標使用率

評価対象　　評価指標	本社内事業評価		本社内部門評価		グループ事業評価		コア会社評価		ノンコア会社評価	
	分権	非分権	分権	非分権	分権	非分権	分権	非分権	分権	非分権
売上高	54%	83%	56%	76%	54%	85%	58%	79%	60%	72%
売上総利益	23%	46%	22%	41%	15%	43%	17%	36%	20%	28%
営業利益	54%	60%	67%	54%	54%	58%	58%	62%	50%	45%
経常利益	69%	75%	78%	51%	69%	80%	75%	67%	60%	62%
税引き前利益	31%	35%	22%	22%	8%	40%	17%	31%	20%	31%
税引き後利益	46%	50%	33%	22%	46%	48%	42%	41%	50%	38%
CF	23%	40%	44%	14%	15%	33%	33%	21%	20%	17%
FCF	38%	33%	33%	22%	38%	28%	25%	31%	30%	28%
ROA	69%	40%	56%	19%	46%	33%	17%	33%	20%	31%
ROI	15%	19%	22%	5%	0%	18%	0%	13%	0%	3%
ROE	46%	40%	22%	14%	31%	28%	42%	18%	30%	14%
RI	8%	4%	0%	3%	0%	3%	0%	3%	0%	0%
経済的付加価値	31%	21%	33%	14%	23%	8%	33%	5%	30%	7%
シェアー	31%	33%	33%	27%	15%	25%	8%	21%	10%	10%
生産高	15%	23%	0%	19%	0%	18%	0%	15%	0%	10%
輸出高	8%	10%	11%	3%	0%	5%	0%	5%	0%	3%
納税額	8%	6%	0%	0%	0%	0%	0%	3%	0%	0%
配当性向	8%	19%	0%	0%	15%	10%	17%	10%	20%	3%
在庫水準	31%	35%	33%	22%	23%	28%	25%	23%	20%	7%
品質水準	23%	23%	33%	19%	15%	18%	25%	23%	20%	3%
納期・欠品水準	23%	19%	22%	14%	15%	15%	17%	15%	20%	3%
設備効率・稼働率	23%	23%	22%	14%	15%	20%	17%	18%	20%	3%
顧客開拓率	15%	8%	0%	5%	8%	3%	8%	5%	10%	0%
顧客収益性	8%	8%	0%	0%	0%	3%	0%	5%	0%	0%
顧客満足度	23%	13%	33%	8%	15%	8%	25%	13%	20%	3%
新製品数	23%	8%	22%	5%	15%	3%	8%	5%	10%	3%
従業員満足度	8%	13%	0%	8%	0%	5%	0%	3%	0%	0%

図表4-11

評価対象	財務指標
本社内事業評価	売上高
本社内部門評価	なし
グループ事業評価	売上高, 税引き前利益
コア会社評価	経済的付加価値
ノンコア会社評価	なし

§5 まとめ

以上の考察を経て, わが国企業のグループ経営の業績管理について, 以下のようなインプリケーションを得た.

5.1 グループ経営管理における多面的業績評価とその有用性

評価指標のバリエーションを見ると, 依然として売上高や利益などのフローの損益計算指標が重視されている点が特徴的であった. 評価は多面的であり, 資産・資本収益性指標やキャッシュフロー指標を重視する傾向も見られたが, 追加的に評価指標のバリエーションを増やしてきた結果, 指標数が多くなっていると考えられる. 業績評価方法において達成度が重視されていることを考慮すると, 売上高や経常利益といった指標が重視され続ける背景には, 売上や利益が中心の単年度予算管理に関わる予算達成度評価が業績評価制度に組み込まれている可能性がある. さらにその背景として, 企業が公表する決算短信における業績予想が売上高, 経常利益, 当期純利益などから構成されており, 業績管理においてその進捗管理を行なうことが志向されている可能性もある.

売上高や経常利益が重視される結果, 経済的付加価値指標に関しても, 採用レベルは一般的といえる高さではないうえ, 売上高など他の指標と組み合わせて使用されている. また, 評価方法においては, 多くの企業が, 達成度評価を重視しながら, 絶対額, 成長性を組み合わせており, 多様な評価を行なっている. このような業績管理指標の使い方は, 様々な効き目の薬を「調合ないしは調製」して総合薬を作るのに似ており, 次のような特徴を持つと考えられる.

一つは,グループ内の企業や事業を多面的に捉えて評価することで,企業・事業の戦略的位置づけや発展段階に応じた成果をなるべくフェア（fair）に評価することができる点である．成長段階にある「健全な赤字事業」についても,総合薬型の業績管理システムにおいては生き残れる可能性が高い．他方,総合薬型では,個々の薬（評価指標）の効き目は弱くなる．経済的付加価値指標を導入している企業においても,総合的な評価の中では,株主価値に対する認識がグループ企業や社内に浸透する力は弱いと言わざるを得ないし,株価などへの効果も弱くなる可能性が高い．したがって,多面的な業績評価を行なう上では,個々の指標の設定目的に対する合理性が低下することのないよう,評価対象企業がグループ戦略上の位置づけに合った評価点の取り方をしているどうかなどをきめ細かくチェックし,必要に応じて指標体系や配点を修正することが重要となる．

　二つは,ＢＳＣなどの多面的業績管理システムを比較的スムーズに導入できる可能性があるという点である．一部の企業は,例えば生産会社において品質を重視するなど,非財務数値指標を含めた評価に取り組んでいる．とくに,非財務数値指標による管理が,必ずしもＢＳＣ適用企業だけに見られるものではない点は注目すべきである．わが国においては,ＴＱＣ／ＴＱＭ（総合的品質管理／経営）活動など経営品質向上活動に取り組んできた企業が,重要な非財務数値指標をグループ業績管理にも適用してきた可能性が高い．非財務数値指標の活用をもってＢＳＣ同様の管理が行なわれている訳ではないが,多面的評価や非財務数値による業績管理に対する抵抗感は少ないといえるであろう．また,グループ企業に対して非財務数値指標による管理を行なっていない企業においても,多くの企業が多様な財務数値指標に関する目標達成度評価に取り組んでいる．多様な業績管理指標ごとに目標設定を行い,合理性,納得性の高い評価をするためには,本社部門とグループ企業との間で活発なコミュニケーションをはかることが必要となる．このようなコミュニケーション力はＢＳＣの導入においても積極的な効果を示すと思われる．

5.2 グループ経営における戦略的業績管理システムのあり方

分権化の進んだ企業では，グループ企業を含め権限が強化された業績管理単位に対してどのような業績管理システムを適用していくかが重要な課題である．分権型企業のグループ企業に対する業績管理指標の使い方を見ると，非分権型に対し売上高を相対的に重視せず，ＲＯＡや経済的付加価値指標を重視し，また，グループ企業に対する整理・統廃合基準が明確であるなどの傾向が伺えた．これらを考慮すると，本社がグループ企業に対してより本来の投資家に近い立場で管理しようとする傾向があると考えられる．社内事業部門に連結可能なグループ会社は経営管理自体を社内の事業部門に移管し，事業部門との連結で評価する一方，コアとなるグループ企業に対しては，権限に応じた業績責任を投資家の観点で明確にしていくというのがグループ業績管理の一つのあり方であるといえよう．

他方，ＢＳＣをグループ企業に適用している6社のうち4社が分権型企業であったことを考慮すると，これらの企業では，分権経営を進める上で，グループ企業に対して戦略的統合化を図る必要性が認識されていたと考えることができる．もちろん，戦略的統合化を図る必要性の度合いは個々の企業によって異なり，たとえば，グループ企業における決済事項・権限規定の明確化や本社役員によるグループ企業取締役の兼任などによって，グループ企業をある程度統率できれば良いとする企業もあろう．しかし，分権化を進める一方でグループとしての戦略的統合化を推し進める必要性を強く認識している企業にとっては，権限規定，撤退基準の明確化などだけでは十分ではなく，ＢＳＣのような戦略的統合化を可能とする業績管理ツールの適用が求められる．この意味では，本社がグループ企業に対して分権化を進めれば進める程，統合化のための業績管理システムが同時に求められることになると考えられ，非財務数値指標を含む多面的評価の重要性が高まるといえよう．

参考文献

浅田孝幸.1999.「業績測定の多元化・国際化の課題」企業会計 51-4:18-23.

藤森裕司.1999.「株式市場からみたＥＶＡ™」企業会計 51-12: 37-43.

伏見多美雄.1998.「経営戦略を支援するキャッシュ・フロー情報」企業会計 50-8:42-53.

伏見多美雄・渡辺康夫.1995.「マネジメント・コントロール・システムとしての事業部制とカンパニー制」慶應経営論叢 13-1: 49-74.

挽文子.1998.「管理会計情報としての連結情報」産業経理 58-1:88-97.

挽文子.2001.「戦略経営時代のグループ・マネジメントと管理会計」企業会計 53-5:88-97.

星野優太.1999.「日本企業の業績評価のインセンティブと多元性」企業会計 51-4: 24-31.

伊藤邦雄.1999.『グループ連結経営』日本経済新聞社

上總康行.2003.「日本的経営にビルトインされた管理会計技法」企業会計 55-4:4-12.

木村幾也.1995.「カンパニー制を基礎とした連結経営管理」企業会計 47-2:60-65.

木村幾也.1998.「カンパニー制から持株会社の会計へ」企業会計 50-2: 55-62.

小林哲夫.2002.「キャッシュフロー管理会計」桃山学院大学経済経営論集 44-3:127-150.

古賀智敏.2000.『価値創造の会計学』税務経理協会

松尾貴巳.1996.「分権化管理志向と事業部門の業績管理」企業会計 48-6:75-81.

日本管理会計学会グループ経営専門委員会.2002.「グループ経営に関する実態調査報告書」.

西澤脩.1995.「カンパニー制による社内分社会計」企業会計 47-2:44-52.

西澤脩.1996.『経営管理会計』中央経済社.

櫻井通晴.1998.「キャッシュ・フロー経営の意義」企業会計 50-8:35-41.

櫻井通晴.2001.「企業価値創造に役立つ管理会計の役割」企業会計 53-2:18-26.

田中隆雄.1998.「ＥＶＡの理論的基礎および実務における有用性（一）」会計 154-6:1-12.

田中隆雄.1999.「ＥＶＡの理論的基礎および実務における有用性（二・完）」会計 155-1:106-116.

第5章　グループ経営の現状と課題：コア子会社の業績管理に焦点をあてて

一橋大学　挽　文子

§1　はじめに

1.1　グループ経営の存在有無

　従来，日本企業ではグループ経営が行われてきたのであろうか．うまく行われてきたのだとすれば，連結財務諸表制度が本格的に導入された2000年3月期前後，グループ経営の大幅な見直しをする必要があったとは思えない．

　このことに関連して，2003年のインタビューにおいて，1999年いち早く純粋持株会社制へと移行した大和證券グループ本社代表取締役は，次のように発言した．

「連結経営が本格的に実践され始めたのは，ここ数年のことではないでしょうか．これまで，本邦企業が本当に連結グループ経営を実践してきたかというと，残念ながらそのような意識は希薄であったと言わざるをえません．『連結経理』といった程度のものはあっても，『連結経営』そのものはなかったというと言い過ぎでしょうか．戦後の日本企業によるグループ経営の最大の問題点は，単体決算が主流の中で，連結経営についての明確なビジョンを欠いた，ある面で無軌道ともいえる多角化が許されてきたことです．…本来，グループ経営というものは，本社の子会社管理を担当する一つの部署でやることではなく，経営と

して取締役会できちんと議論すべき事項なのですが,その点が十分でなかった点は否めません.」

　上記の指摘のように,本当にこれまでグループ経営について実質的な議論をする場は日本企業になかったのだろうか.本社の子会社管理を担当する一つの部署で連結経理が行われてきたに過ぎないのか.
　われわれの郵送質問票調査では,問18でグループ経営について協議する場を設置しているか否か,設置している場合には(イ)その名称,(ロ)参加者,(ハ)事務局,(ニ)設置年を問うた.
　企業会計審議会が「連結財務諸表制度の見直しに関する意見書」を公表したのは1997年6月6日である.問18の質問に対する有効回答社数47社のうち,6割強の会社(31社)が,グループ経営協議の場を1997年以降に設置したと回答している.設置年度を回答が多い順に並べると,2001年,1999年,2000年,1997年,1998年・2002年の順であった.1990年以前からグループ経営について協議する場を設置していた回答した企業は,わずか8社に過ぎない.

1.2　分社化の実態

　企業が一部の事業ないし機能を本体から分離させ,子会社・関連会社などの別会社として経営する「分社化」は,日本企業でも伝統的にとられてきた.今回の調査では,問4(ホ)において経営管理の対象となる子会社と関連会社の数を聞いている.経営管理の対象となる連結子会社数は,国内では11社から50社,海外は10社以内,連結関連会社数は国内海外ともに10社以内と回答した企業が多かった.最高連結子会社数は国内355社,海外968社,最高連結関連会社数は国内99社,海外119社に及ぶ企業もあった.
　グループ経営強化の一環として,子会社の数を減らす傾向がここ数年みられる.たとえば,2002年9月と2003年9月のデータを用いた場合の連結子会社数減少率上位5社は,第1位三井物産100社減(426社),第2位伊藤忠63社減(488社),第3位丸紅56社減(345社),第4位松下電器産業30社減(306

第5章 グループ経営の現状と課題：コア子会社の業績管理に焦点をあてて 89

社），第5位東芝23社減（315社）である（『日本経済新聞』，2003年2月14日）．

しかしながら，「分社化」は今日においてもグループ経営のために重要な組織編成のあり方の1つであることに変わりはないと思われる．企業が分社化により子会社を設立する目的はさまざまであり，その結果，子会社および関連会社の役割も多様である．事業戦略の策定や実行に必要なすべての機能もしくはその一部の機能を分担する子会社もあれば，シェアード・サービス機能のみを分担する子会社もある．上場している子会社もあれば，100%所有の子会社もある．

今回の調査では，第2章で説明したように，問6において子会社が以下のような6つのパターンに分類された．

① 純粋持ち株会社傘下の子会社，もしくは社内の事業部門（社内カンパニー，事業本部あるいは事業部など）と並列的に扱われるコア子会社
② シェアード・サービス子会社（情報処理，経理，人材派遣，物流などグループ共通のサービス提供子会社）
③ 親会社内事業部門の傘下の子会社
④ 親会社内事業部門事業部の傘下の子会社
⑤ 親会社内機能部門の傘下の子会社（生産統括部門，営業本部など，親会社内の子会社統括部門以外の機能部門によって管理されている子会社）
⑥ 親会社内子会社統括部門の傘下の子会社

本章では，上記のパターンのうち，その企業グループがコアとする一部の事業ないし機能を分担させる目的で設立された子会社を有する企業，すなわち①に該当する40社の業績管理に焦点をあてて，グループ経営の現状と課題について検討する．

なお，筆者の手許にある第1次集計結果（松尾助教授作成）および原データに基づいた場合，①に該当する企業数は40であった．その数は付録（B）の最終集計結果とは数が異なっていることを断っておきたい．

コア子会社を有する 40 社の連結の売上高，資本金，従業員数および経営管理の対象となる関係会社数(子会社数および関連会社数)は下記の通りである．

図表 5-1　連結売上高

1 千億円未満	8 社
1 千億円～5 千億円未満	15 社
5 千億円～1 兆円未満	6 社
1 兆円～3 兆円未満	6 社
3 兆円以上	4 社
未回答	1 社
合　計	40 社

図表 5-2　資本金

100 億円未満	5 社
100 億円～500 億円未満	11 社
500 億円～1 千億円未満	5 社
1 千億円～3 千億円未満	7 社
3 千億円以上	3 社
未回答	9 社
合　計	40 社

図表 5-3　従業員数

従業員数	
1 千人未満	5 社
1 千人～2 千人未満	2 社
2 千人～5 千人未満	10 社
5 千人～1 万人未満	3 社
1 万人以上	19 社
未回答	1 社
合　計	40 社

図表 5-4　経営管理対象となる関係会社数

経営管理対象となる関係会社数	連結子会社	連結関連会社
50 社未満	24 社	40 社
50 社～100 社未満	8 社	0 社
100 社～150 社未満	1 社	0 社
150 社～200 社未満	1 社	0 社
200 社以上	6 社	0 社
未回答	0 社	0 社
合　計	40 社	40 社

1.3 問題意識

親会社内の事業部,事業本部あるいは社内カンパニー等と呼ばれる社内の事業部門と,コア子会社の管理とは異なるのであろうか.

そもそも企業は何を期待して分社化するのか.100%親会社が出資し,資金調達も親会社を通して行われる場合,法的に異なるとはいえ,このような子会社は社内の組織と変わらないと考える経済学者は少なくない.ところが,日本の経営者は明らかにその選択を本質的問題として認識しており,彼らは組織内部では責任経営を徹底することが困難で,分社化によってこそ経営責任を明確にし,責任意識を高め,より大きな裁量権・権限を与えることが可能になると考えている(伊藤秀史ほか,1996).

しかしながら,他方において,法的には異なるといえ,経営上の責任と権限を明確にし,かつ経営の質的評価を客観的におこなえる業績評価の基準を設ければ,分社化であろうと,事業部制であろうと,その管理には本質的な違いはない.経営上の責任を問うということだけが目的ならば,事業部制と分社化でその効果は変わらないという見解も存する(八城政基,1997).

このように,事業部制と分社化とではその効果が異なり,事業部制のもとでの業績管理では達成し得ない責任経営の効果を分社化では発揮できるという見解について,賛否両論あることがわかる.

分社化によって,事業部制を採用した場合よりも経営責任を明確にし,責任意識を高め,より大きな裁量権・権限を与えることを可能にするにはどのような業績管理が望ましいのであろう.連結業績にそれらの子会社の業績が与える影響が大きいと推察される.日本企業のグループ経営において解決すべき課題の1つは,コア子会社との新たな関係の構築にあると考える(挽文子,2001).コア子会社を有する企業の組織編成の特徴はどこにあるのだろうか.事業部制の場合と比べて,グループ経営にとってコアとなる子会社,とくに上場子会社の業績管理のシステムやプロセスはどのように異なるのだろうか.

本章では,こうした問題意識のもとに,コア子会社をもつ企業40社に焦点をあててグループ経営の現状と課題について検討する.

§2　グループ経営推進のための組織編成

　日本企業の組織編成の特徴は数多くあると思われるが，ここでは次の3点を指摘しておきたい．

2.1　日本企業の組織編成の特徴（1）

　第1に，事業部制を採用する企業においても，研究・開発・購買・製造・マーケティング・販売などすべての機能を事業部がもつ完全事業部制では必ずしもないという点である．

　たとえば，花王（株）では子会社の花王販売（株）と花王化粧品販売(株)，キャノン（株）では子会社のキャノン販売（株）が販売機能を担ってきた．

　キャノンは技術志向の企業であるが，その強みをフルに発揮するために，事業部は開発機能を担っている．客先で複数の事業部がバッティングすることがないよう，また豊富な製品・サービスを一手に販売するために，販売機能はキャノン販売（株）が担っているものと推察される．

　しかし，事業部・事業本部別連結業績計算制度により，キャノン（株）の事業部の業績には，販売会社の当該事業部関連製品・サービスの業績が連結される．事業部のトップは，この制度からの情報により，開発，製造，販売，サービスという一連のプロセスをチェックし，一元的に把握できる．開発，製造と販売機能とを別組織が担うことによるメリットを生かしつつ，そのデメリットを業績管理システムで埋め合わせているといえよう．

　このように販売機能を分社化している日本企業は意外と多い．われわれの調査では，コア子会社にある機能について問13で問うている．図表5-5に示したように，コア子会社を有する40社のうち，コア子会社に販売統括機能があると回答した企業は25社，マーケティング機能があると回答した企業は24社であった．

　販売統括機能が親会社本社共通部門にあると回答した企業は10社，親会社

の事業部門にあると回答した企業は19社である．コア子会社を有する企業は，本社共通部門や親会社の事業部門よりも，コア子会社に販売統括機能をおく方が多いといえる．

マーケティング機能が親会社本社共通部門にある企業12社，親会社の事業部門にある企業21社なので，マーケティング機能についても同様のことがいえる．

2.2 日本企業の組織編成の特徴（2）

第2の特徴は，親会社内の事業部などの分社化，他社との提携または買収や合併により，コアとなる事業を経営する子会社を設立していることである．

たとえば1990年代までの松下電器産業（株）は，コア子会社として，松下電子工業，松下通信工業，松下電子部品，松下産業機器，松下電池工業の5分社と，松下冷機，九州松下電器，松下精工，松下電送システム，松下寿電子工業の5主要会社とを抱えていた．

コア子会社のうち，5分社はもともとは親会社内の組織であり，分社化後も「三者協定」（松下電器産業，分社および労働組合間の協定）により，給与体系・労働条件・労働組合は共通であった．各分社の大卒者採用についても，親会社の松下電器産業が一括採用する方式がとられていた．

他方，コア子会社のうち，5主要会社は，それぞれに誕生の経緯は異なるものの，既存企業をグループに取り込んだものである．外注先その他の関連企業の要請によって，これを子会社として系列にいれ，経営を立て直し，内容を整備して松下電器に新しい事業分野を加えたケースである（松下電器産業，1968）．

キリンビールグループは，ビール事業を含む総合酒類事業に加え，清涼飲料事業などをコア事業としている．1990年まではキリン（株）でも清涼飲料事業を手がけていたが，1991年以降同事業をキリンレモン（株）に移管し，同社の名前をキリンビバレッジ（株）に変更した．現在，清涼飲料事業はキリンビバレッジ（株）とその傘下の子会社，近畿コカコーラ（株）などの子会社が担当している．

それでは，コア子会社にはどのような機能がおかれているのであろう．問13の回答を図表5-5に示した．

図表5-5　コア子会社の機能

経営企画	24社	関係会社管理	14社	購買	26社	IR	12社	製造統括	21社
内部監査	21社	海外事業担当	17社	物流	20社	財務	22社	販売統括	25社
経理	28社	マーケティング	24社	人事	28社	監査	16社	経営情報	14社
経営法務	19社	研究開発	20社	特許	14社	与信	20社	未回答	4社

　コア子会社に最も多くおかれている機能は，経理機能と人事機能（いずれも28社）であった．組織を運営していく上では不可欠な機能であることから，経理と人事がおかれているものと思われる．しかし，逆に言えば，有効回答企業36社（コア子会社を有する企業40社のうち4社は未回答のため）のうち，12社はその重要な機能をコア子会社においていないことになる．

　もっとも，図表5-5から明らかなように，コア子会社は事業を経営していくために幅広い権限を有している．とくに財務，IR，経営法務，監査などの機能を親会社内の事業部門においている企業は少ないので，それらの機能に着目した場合，親会社内の事業部門とコア子会社とには違いがあるといえる．

2.3　日本企業の組織編成の特徴（3）

　さて，日本企業の組織編成の特徴（1）で紹介した販売機能を担う子会社花王販売（株）とキャノン販売（株）は，いずれも上場子会社である．日本企業の組織編成の特徴（2）で紹介した松下電器産業の5分社のうち，松下通信工業，5主要会社のうち松下冷機，九州松下電器，松下精工および松下寿電子工

業，5主要会社のうち九州松下電器，松下寿電子工業，松下精工および松下電送システムもつい最近まではすべて上場子会社であった．さらにキリンビバレッジも上場子会社である．

　このように，コア子会社を100%所有するのではなく，上場させてきたことが日本企業の組織編成の第3の特徴であったといえる．しかし，その組織編成のあり方が，いま見直されている．総合酒類事業などはキリンビール（株），そして清涼飲料事業はキリンビバレッジ（株）というように，明確に親会社とコア子会社の事業が分かれている企業などをのぞき，コア事業を経営するコア子会社の上場を廃止し，完全子会社化する企業が増えている．

　たとえば松下電器産業(株)は，一部上場子会社の松下通信工業，九州松下電器，松下寿電子工業，松下精工および松下電送システムを株式交換方式で完全子会社化した．

　松下グループ全体を見渡せば、上場子会社間，また上場子会社と親会社間でも，事業重複によるムダや調整のあつれきが存在していた。たとえば、ファックスの分野では，松下電送システム，九州松下電器の両者が開発・生産を行っていた。企業グループとしてグループ経営を推進していくためには，松下グループが構造的に大きな問題を抱えていることは明らかである．そこで，伝統ある上場子会社を巻き込んだ再編を進めるため，上場子会社の完全子会社化が2001年7月に決定された．

　完全子会社とした後，松下グループは，事業ドメイン制と呼ばれる組織に再編された．事業ドメインの1つを担う子会社として，新たに2003年1月1日パナソニックコミュニケーションズ（株）などが誕生した．同社に，九州松下電器(株)，松下電送システム(株)および松下通信工業（株）のPBX・ホームテレフォン事業，松下電器のシステム営業本部の固定通信関連営業が統合された．パナソニックコミュニケーションズ（株）は，従業員17,000名，資本金300億円の子会社であり，コミュニケーション事業、デジタルイメージング事業を主な事業領域とする。

　このように，上場子会社の完全子会社化が活発化した背景には，従来の日本

企業の組織編成では大きな問題が生じるようになったことに加え，1999年度の商法改正により株式交換・株式移転制度，2000年度の商法改正により会社分割制度が活用できることになったことがあげられる．

われわれの調査では，問15でグループ事業再編に関連する法制度の活用について問うている．

図表5-6　法制度の活用

	株式交換	株式移転	新設分割	吸収分割
既に活用した	5社	3社	6社	7社
活用を予定している	4社	1社	2社	3社
活用したことはない	29社	33社	28社	28社
法制度を知らない	0社	0社	1社	1社
未回答	2社	3社	3社	3社
合　計	40社	40社	40社	40社

吸収分割制度を既に活用したか活用予定の企業が最も多く10社，次いで株式交換制度を既に活用したか活用予定の企業9社，新設分割制度8社，株式移転制度4社となっている．

コア子会社を有する企業において，従来の組織編成すなわち子会社の上場を見直す傾向があることがわかる．

§3　コア子会社の業績管理

コア子会社を有する企業では，グループ経営のためのマネジメント・システムがどの程度整備されているのであろう．われわれの調査では，グループの戦

略計画・中期事業計画の策定と統制（問 16 から問 20），予算編成・短期利益計画の策定（問 21 から問 26），業績測定システムと業績評価指標など（問 27 から問 33）について問うている．

3.1 グループの戦略計画・中期事業計画の策定と統制

問 16 において，コア子会社を有する企業 40 社のうち，グループの戦略計画・中期事業計画の策定に子会社が関与するか否か，問 20 では，中期事業計画の達成度合いを測定しているか否かを問うている．問 16 と問 20 を整理したものが図表 5-7 である．

図表 5-7 の各行をみれば，企業グループの戦略計画・中期事業計画の策定にどのような子会社が関与するかわかる．図表 5-7 を各列にみれば，企業グループの戦略計画・中期事業計画の達成度を測定しているか否かなどがわかる．

企業グループの戦略計画・中期事業計画の統制プロセスは，計画の実行からはじまり，続いて実績の測定（達成度合いの測定），計画と実績の差異分析へと進んでいく．多くの企業が，実績を測定していると回答していることは，望ましいといえる．

しかし，コア子会社が存在していても，子会社は企業グループの戦略計画・中期事業計画の策定に関与しないと回答した 6 社については，計画策定プロセスで，親会社とコア子会社との間でのコミュニケーション職能や調整職能が機能していないことになる．コア子会社の関与がない場合，親会社だけで計画職能を機能させられるか否かも疑問に思う．

また，戦略計画・中期事業計画の策定プロセスに子会社が関与していない場合，それを達成しようとするインセンティブ誘発職能もコア子会社において機能しないものと思われる．

統制プロセスで実績の測定をしているとしても，実際に統制職能をうまく機能させることができるか否かは，計画策定プロセスに依存するところが大であると思われる．策定プロセスに誰が関与するかについては，再検討する必要があると考える．

図表 5-7　グループの戦略計画・中期事業計画の策定と実績の測定

	測定せず	測定しているが評価に結び付けない	測定し評価している	合計
子会社関与せず	0社	3社	3社	6社
コア企業だけ関与	1社	5社	3社	9社
コア以外の企業も必要に応じて関与	1社	2社	8社	11社
全子会社が関与	0社	7社	7社	14社
合　計	2社	17社	21社	40社

次に，問 17 のグループの戦略計画・中期事業計画の対象となっている子会社数について，問 16 のタイプ別に図表 5-8 のように整理した．

図表 5-8　　戦略計画・中期事業計画の対象となる子会社数

＊子会社が計画策定プロセスに関与しない企業 6 社

2社	3社	3社	14社	52社	未回答

＊コア子会社だけが計画策定プロセスに関与する企業 9 社

1社	1社	3社	8社	8社	10社	50社	89社	727社

＊すべての子会社が計画策定プロセスに関与する企業 14 社

2社	5社	13社	13社	16社	26社	30社
32社	60社	73社	93社	250社	343社	未回答

コア子会社だけが計画策定プロセスに関与する企業 9 社のうち 1 社は，戦略計画・中期事業計画の対象となる子会社が 727 社もあるため，コア子会社だけが計画の策定プロセスに関与するものと推測される．

第5章 グループ経営の現状と課題：コア子会社の業績管理に焦点をあてて 99

しかしながら，図表5-8をみる限り，子会社の数の多寡が，企業グループの戦略計画・中期事業計画の策定プロセスに子会社を関与させるか否かの意思決定に影響しているとは一概にはいえないようである．

問18では，本章の「はじめに」でも触れたように，グループ経営について協議する場を設置しているか否かなどを問うた．

40社のうち未回答の企業が7社あった．残る33社のデータを，図表5-9のとおり，グループ経営について協議する場の名称に「経営会議」「グループ」「社長会」「戦略」という名称がついている企業と，その他に分類し，整理した．

図表5-9 グループ経営について協議する場の名称，参加者，設置年
① （イ）に「経営会議」という名称がついている9社の（イ）（ロ）（ニ）

相当古くから	1980年頃	1981年	1988年	1999年
経営会議	経営会議	国際経営会議	経営会議	経営会議
常務以上の執行役員	各社社長	主要な子会社幹部，本社幹部	執行役員	経営会議メンバー

1999年	2003年	未回答	未回答
経営会議	経営会議	経営会議	経営会議
常務以上	取締役，担当執行役員，常勤監査役	役員，主要子会社社長	取締役他

② (イ)に「グループ」という名称がついている6社の(イ)(ロ)(ニ)

1998年	1999年	1999年
グループ会社社長会	グループ経営会議	グループ協議会
グループ経営対象会社社長	代表取締役, 経営企画, IR, 広報担当役員, CIO, 特別執行役員, グループ海外事業担当	主要関連企業

2000年	2001年	2002年
国内：グループ会議, 海外：グローバルビジネスミーティング	グループ運営会議	グループ戦略会議
本社執行役員, 子会社幹部	グループ本社取締役, コア子会社代表者	社内取締役, 事業責任執行役員

③ (イ)に「社長会」という名称がついている5社の(イ)(ロ)(ニ)

1970年代頃	1983年	2000年	2000年	2004年
社長会等	社長会	社長会	関連会社社長会	社長会
各社代表取締役等	各社長, 関連事業担当専務, 管理本部長, 副本部長, 社長室長	各社社長, 次席	社長, 経営企画部長	上場4社社長

第5章 グループ経営の現状と課題：コア子会社の業績管理に焦点をあてて　101

④（イ）に「戦略」という名称がついている4社の（イ）（ロ）（ニ）

1997年	2000年	2002年	未回答
グローバル戦略会議	戦略会議	経営戦略会議	経営戦略会議
機能責任者，幹部クラス	社長，事業部門長，関係するコーポレートグループ長	上席執行役員・社長	本社執行役員，コア子会社トップ

⑤その他9社の（イ）（ロ）（ニ）

20年程度前	1991年	1999年	2002年
事業審議会	全社構革推進委員会	関連会社委員会	経営委員会
事業推進責任者，役員他	社長，常務，管理主要部長	担当役員	会長，社長，技術・経理・経営企画・総務・人事，各担当役員

未回答	未回答	未回答	未回答	未回答
グローバル・マネジメント	関連会社連絡会	予算会議	ダイレクターズミーティング	役員会，常務会，経営委員会
連結対象子会社CEO	各社社長，本社役員	社長	親会社：取締役，執行役員，監査役	役員・常務以上，該当会社責任者

前述したように，1990年以前からグループ経営について協議する場を設置していると回答した企業は8社であるが，そのうちコア子会社を有する企業は7

社である．コア子会社を有する企業の方が，グループ経営についての協議の場を早く設けていたことがわかる．

グループ経営についての協議は，従来は経営会議（上記①）あるいは社長会（上記③）などで行なう企業が多かったようである．グループ（上記②）あるいは戦略（上記④）という名称のついた会議体でグループ経営について協議するようになったのは，1997年以降であったことに注意を要する．

もっとも，協議の場の名称が何であれ，その場に参加しているのは親会社，子会社ともに経営幹部層である．親会社の経営幹部層のみの企業もあれば，子会社の経営幹部層のみの企業もある．また，親会社と子会社両方の経営幹部層が参加して協議をしている企業もある．

子会社の経営幹部層という場合，どの子会社かの経営幹部かについては，コア子会社の経営幹部層に限定している企業が6社，連結対象子会社に限定している企業が2社であった．

グループ経営について協議をする場の事務局については，経営企画部（＝経営企画部門または経営企画室）または総合企画部と回答した企業が17社と多くなっている．

もっとも上記②の企業6社の事務局は，総務部秘書課事業戦略室，グループ本社経営企画部，グループ企業部，戦略スタッフ部門グループ戦略室（現グループ関連室），グループスタッフ（事業開発、企画、調整）付，グループ戦略会議事務局と，企業によって異なる．その名称から判断すると，グループ経営をサポートすることを目的とした専門スタッフ組織が設置されているようである．

3.2　予算編成・短期利益計画の策定

問21で本社における予算編成単位について問うている．コア子会社を有する企業40社のうち，上場子会社とその傘下の子会社の連結ベースで予算編成していると回答した企業11社（27.5％），そのうち9社は社内カンパニー別業績も連結ベースで予算を編成している．

子会社に焦点をあてて⑦「その他」と回答した企業7社を見てみると，子会

第5章　グループ経営の現状と課題：コア子会社の業績管理に焦点をあてて　103

社単独が4社（10%），主要子会社1社（2.5%）であった．

　コア子会社を有する企業の予算編成単位について，社内カンパニー別・事業部別連結ベースでなく単独ベースのみで予算編成をする企業は13社（32.5%）である．それに対し，社内カンパニー別・事業部別事業別連結ベースで予算編成をしている企業は24社（60%）である．

　コア子会社を有する企業では，上場子会社別連結の事業別連結体制と社内カンパニー別・事業部別の事業別連結体制が整備されつつあるといえる．

　問24では短期利益計画の作成にあたって本社がガイドラインを示すか否か，問25ではどのようにガイドラインが作られるかを問うている．図表5-10のとおり，ガイドラインを作成している企業29社（72.5%）のうち，本社単独でガイドラインを作成している企業は12社（41.4%）である．今回の調査協力企業総数90社中63社が（70%）がガイドラインを作成，そのうち29社（46.0%）が本社単独でガイドラインを作成している．コア子会社の有無は，ガイドラインの作成を本社単独で行うか否かとは関係がないものと思われる．

図表5-10　企業グループの短期利益計画の編成

本社単独で作成	関係会社の意見を事前に聴取	主要関係会社と合同	その他	合計
12社	15社	1社	1社	29社

3.3　業績測定システムと業績評価指標

　コア子会社と親会社の事業部門それぞれの組織業績評価では，売上高を使用している企業が最も多い．

　コア子会社の組織業績評価では，第2位経常利益（18社），第3位営業利益（16社），第4位税引後利益（12社）の順である．ROAやEVAなどの資本効率を考慮した業績評価指標を採用しているのは15社であった．

　それに対し，事業部門の組織業績評価では，第2位営業利益（14社），第3位経常利益（10社）である．税引後利益概念を採用する企業が増えてきたとはいえ，事業部門の組織業績評価では，それは第6位である．なお，資本効率を考慮した業績評価指標を採用しているのは11社であった．

　コア子会社の組織業績評価において採用されている業績指標と，子会社の事業自体の業績評価目的で採用されている業績評価指標は，第3位までは変わらない．事業評価で使用される第4位の業績評価指標は，ROAとFCFである．資産効率やキャッシュフローを重視した指標が事業評価目的では用いられている。

　しかし，いずれも単一の指標が用いられているわけではない．複数の業績評価指標が併用されている．また評価方法についても，絶対額，目標達成率，対前期伸び率が併用されている．

　コア子会社と親会社の事業部門の組織業績評価において，共通の指標と評価方法を採用している企業は6社，コア子会社の組織業績評価と事業の業績評価において，共通の指標と評価方法を採用している企業は7社である．

　問22では，企業グループの予算目標としてどの業績測定指標を使用しているかを問うた．連結ROEとFCFと回答した企業各14社，連結ROA12社，連結

EVA8社，その他32社であった．予算目標についても複数の収益性指標が併用されている．それらの指標を採用している企業は38社であった．

　38社のうち，企業グループの予算目標と同一の業績測定指標をコア子会社の組織業績評価に使用している企業14社，子会社の事業自体の業績評価に使用している企業10社，親会社事業部門の組織業績評価で使用している企業12社，親会社の事業自体の業績評価に使用している企業17社と少ない．業績評価指標としては依然として売上高，経常利益および営業利益などが採用され続けている．業績評価指標を見直す必要があると思われる．

　コア子会社を有する企業において業績測定がスムーズにおこなえるか否かについて，問31と問32で問うている．月次連結決算においても子会社からの情報を円滑に収集できる状況にある企業17社，年度決算では滞ることはない企業18社，年度決算においても情報収集が遅れる企業3社である．

　業績測定・評価を適時・適切に行なうためには情報システム基盤の整備が必要である（挽文子, 2000）．情報システム基盤が連結対象企業には整備されている企業27社，戦略計画・中期事業計画対象企業には整備されている4社，その他8社であったが，その他企業のうち5社が現在整備中であると回答している．

§4　おわりに

　本章では，コア子会社を有する企業の組織編成と業績管理に焦点をあててグループ経営の現状と課題を検討した．

　コア子会社を有する企業の組織編成には，親会社内の事業部門とは異なる3つの特徴があった．第1にコア子会社には親会社内の事業部門よりも広範な権限が委譲されていること，第2に販売統括機能とマーケティング機能をコア子会社においている企業が多いこと，第3にコア子会社を上場子会社としている企業が存在することである．

　そのため，コア子会社を有する企業では，そうでない企業よりも，グループ経営に対する意識は高かったものと推察される。1990以前からグループ経営に

ついて協議する場を設置していたと回答した企業8社のうち，コア子会社を有する企業が7社にのぼる．

もっとも，それらの場で実際に有意義な議論が交わされてきたかについては，本研究では明らかでない．

情報システム基盤の整備は，業績測定・評価を適時・適切に行なうために不可欠であるが，コア子会社を有する企業のほとんどが，すでに整備済みあるいは現在整備中であると回答した点は評価できる．

しかしながら，コア子会社を有していても，グループの戦略計画・中期事業計画の策定にコア子会社が関与しない企業がある．グループの結束力を固める意識を持たせる上でも，また計画の策定プロセスで顕在化されるべき，計画設定職能，親会社とコア子会社間での調整職能とコミュニケーション職能の面でも問題である．

業績評価に関して，コア子会社と親会社内の事業部門の組織業績評価目的で用いる業績指標の差別化がはかられていた．コア子会社の業績評価では，事業部門よりも税引後利益や資産・資本効率を考慮した業績評価指標が採用されていることは評価できる．

次にコア子会社の業績評価に注目すると，事業部門の業績評価同様，組織業績評価目的と事業自体の業績評価目的の2つがあげられる．企業グループの予算目標として重視している業績評価指標ROAとFCFが，事業自体の業績評価目的の第4位にあげられており，その点も評価できる．

しかしながら，企業グループの予算目標として重視している業績評価指標が統制プロセスで重視されているわけではない．整合性を保つ必要があると思われる。

上場子会社の完全子会社化の傾向は，その背景に親会社以外の株主の問題もあると思われるが，まさにグループとしての経営がコア子会社と親会社の双方に求められていることの証左であるといえる．今回の郵送質問票調査では，コア子会社の業績管理システムについては検討できたが，実際にうまくそのシステムが機能しているかどうかについては考慮していない．今後の課題としたい．

参考文献

藤野雅史・挽文子.2004.「キリンビールにおけるカンパニー制のもとでの EVA と BSC」企業会計 56-5:57-64.

挽文子.1998.「管理会計情報としての連結情報」産業経理 58-1:88-97.

挽文子.2000.「グループ経営と管理会計：欧米企業の事例を中心として」管理会計学 8-1・2：69-85.

挽文子.2001.「戦略経営時代のグループ・マネジメントと管理会計」企業会計 53-5:88-97.

挽文子.2004.「グループ経営戦略の策定と実行を支援するマネジメント・システム」(田中隆雄・高橋邦丸編『グループ経営の管理会計』同文舘出版 87-119.)

伊藤秀史・林田修．1996.「企業の境界：分社化と権限委譲」(伊藤秀史編『日本の企業システム』東京大学出版会 153-181.)

松下電器産業.1968.『松下電器五〇年の略史』

八城政基.1997.『よみがえれ，日本企業』日本経済新聞社.

第6章　戦略的グループ経営と管理会計：海外事業展開に視点をおいて

広島県立大学　河 野 充 央

§1　論理展開のベース

1.1　アンケート調査に対する分析の視点

　「即興劇(improvisation)とは，シナリオがないドラマである．‥‥‥グループ経営は，こうした即興劇と似ている．メンバー企業は即興劇における役者にあたる．もちろんグループ経営に全くシナリオがないわけではない．経営計画や経営戦略など，今後企業グループがどのような方向に進んでいくか予定を立てるのが普通であろう．しかしながら，こうした予定の多くはある前提のもとで成立しており，前提が崩れれば成立しなくなってしまう．さらに企業グループの内のメンバー企業の関係は，即興劇を演じる役者の関係よりも複雑で多様である(伊藤邦雄，1999)．」

　すなわち，予算管理や業績評価といった管理会計の本質的技法を，グループ経営において実施することには，さまざまな困難が伴うものと推察できる．

　当グループ経営専門委員会によって実施されたアンケートに対しては，委員会公表の『「グループ経営に関する実態調査」報告書』にみられるように，業種や規模(売上高，資本金，従業員数等)等，多様な企業から回答が寄せられた(報告書，2002)．

　わが国におけるグループ経営の本質を，このアンケート結果をもとに考察し

ようとするならば，分析の視点として，たとえば，回答企業の属性を，一定基準にもとづいてグループ化し，そのグループ単位で，包括可能な管理原則や特性等を論じることができるかも知れない．その場合，属性となる一定基準としては，上述の，全事業に対する海外事業の割合(たとえば，海外事業に関する子会社数，売上高，従業員数の割合等)といったこともその対象になるかも知れない．

あるいは，別の視点として，わが国における，グループ経営形成の原点を再考することも考えられるであろう．たとえば，アンケート結果から，上述の属性に，何らかの統一性を見出すことが困難なケース，もしくは，回答企業が，グループ経営管理において，類似した課題や問題意識を有しているようなケースでは，一企業の枠を超えた制度的考察に立ち返ることも，管理会計研究の重要な手がかりを得るために必要なことと思われる．あるいは，これを，管理会計研究の範疇に含めることもできるかも知れない．

当該企業の属性によっては，時には，政治や国際経済をも，その範疇に含めた，いわゆる，社会技術的制度のライフサイクル(the life cycles of socio-technical regimes)にもとづく考察が，グループ経営を基本としたエクセレント・カンパニーの条件や，そこで必要とされる管理会計手法を見出すための要件になるとも考えられる．また，現代の経営環境では，グループ経営，もしくは，これを指向した経営の良し悪しが，ステークホルダーによる企業評価を左右することも事実であるが，こういった点は，企業の属性を超えた問題として考察すべきことであると考えられる．

1.2 グループ経営の意義と戦略的グループ経営成立の諸要因

「グループ経営は，伝統的グループ経営から社外カンパニー経営へと移り，持株会社の解禁によって，戦略的グループ経営に転向した(西澤脩, 2000)．」

この変遷を一覧すると，図表6-1のようになる．これら3つのグループ経営形態に関し，その概略を述べると次のようになる．

図表6−1　グループ経営形態の変遷

特質＼形態	伝統的グループ経営	社外カンパニー経営	戦略的グループ経営
経営内容	関係会社管理	連合会社経営	持株会社経営
支配会社	親会社	本部	純粋持株会社
従属会社	子会社及び関連会社	連合会社制下の各事業会社	関係会社及びその他の事業会社
規制法規	『独占禁止法』第9条第3項	生産性本部産業課題フォーラム	『独占禁止法』第9条第1項
実施年度	1949年改正	1994年提言	1997年改正
管理者	親会社の社長	トップボード	CEO/COO
管理対象	関係会社への投資管理	事業会社の相互管理	グループ全体の業績管理
会計方式	個別会社の決算	個別決算及び連結決算	連結決算・セグメント会計・個別決算
管理目標	個別会社の最適化	グループ企業の最適化	グループ全体の最適化
親子関係	子会社は親会社の支配下	本部は事業会社を調整	子会社は親会社より独立

(出典：西澤脩，2000)

　すなわち，伝統的グループ経営とは，あくまで，核となる親会社の業務遂行を補佐するような形で設立された関係会社を管理しながら，運営されてきたグループ経営形態のことであり，社外カンパニー経営とは，連合会社経営形態をとるもので，組織内の各事業会社は，トップボードによって管理される．そして，現代のグループ経営形態とは，持株会社を中核としたもので，企業グループの全体最適化を指向した事業展開によって形成された戦略的グループ経営で

あると考えられる．現代のグループ経営は，本社の CEO(Chief Executive Officer)や COO(Chief Operating Officer)が中心となったマネジメントが展開される経営形態と考えられ，同時に，戦略的意味合いが強いものであると考えられているが，こうした経営のあり方が，欧米企業と同様に，わが国企業にとっても，必須なものとして，本格的に議論されるようになった背景を考察することも，経営のスタイル自体を研究することと同様に，重要なことであると思う．

また，わが国におけるグループ経営を考察する視点として，次のような指摘もあるが，こういった事柄も，考察の対象として，重要な内容を示していると考えられる．

「ツール・ド・フランスでは，優勝した選手と同様に優勝した選手が所属する他のチームメンバー8名の栄誉がたたえられる．なぜならば，チーム内のスプリンター，アシスト，クライマーといわれる選手の協力がなければ，そのチームから優勝選手を輩出することは不可能だからだ．‥‥‥日本の企業グループもかつては，こうしたチームワークとメンバー企業の競争力を巧みに重ね合い，国際的な競争力を獲得したといえるかもしれない．特に，『ケイレツ』と呼ばれた企業集団は，日本型経営を支えるシステムの1つとして，リスクマネジメント，コスト競争力，広報共有密度の高さ，高い生産性とさまざまな観点から高く評価された．しかしながら，最近になって，従来からの日本型経営システムの逆機能が徐々に顕在化し始めている．特に，上述したチームワーク，およびその前提となる各メンバー企業の競争力という観点から綻びが現れ始め，むしろグループ経営上でマイナスに機能し始めている(伊藤邦雄, 1999)．」

野村教授は，連結経営の成立を論じる中で，次のような事がらに言及している(野村健太郎, 2000)．

　①日本版ビッグバン(金融自由化)の完全実施
　②国際収支における黒字基調と為替相場の変動

わが国のグループ経営に内在する諸問題を考察する上で，これらのことがらは非常に重要な要素と考えられる．すなわち，国際的経済環境の変遷を視野に

入れた議論が，その本質の理解には必須であると思われるからである．

基本的には，上記 2 点に内在する諸問題にいかに対処するかというところに，グループ経営を海外事業展開という視点から考察したときの本質的課題が存在する．

1.3 組織の分権と集権

グループ経営の本質を突き詰めていくと，その議論の対象の重要な局面において，組織の分権と集権という問題に遭遇する．すなわち，「権限の分散と集中をうまくバランスさせ，分権化を進めながらも全体の足並みを揃え続けるのが，優れた経営の秘訣である(Sloan, Jr., 1963).」

このような明確なポリシーを掲げ，経営管理を遂行することは重要なことであり，その際に，管理会計が，強力な経営管理ツールとして機能する．しかしながら，このことは，次に示すように，永遠のテーマでもある．

組織の分権と集権という考えにもとづいて，「矛盾する様々な要素を調和させると，まれに見るほど高い成果を上げられる．分権化を進めると進取の精神，責任感，個人の能力，事実に基づく判断，適応力—すなわち，組織が新しい状況に対応する上で欠かせない資源をすべて引き出せる．全体の調和を図ると，効率性と経済性を高められる．ただし，分権化を図りながらなおかつ全体を調和させるのは，当然ながら容易とはいえない．多彩な責任を整理する明確なるルールも，責任を配分する理想的な方法も，ありはしないのだ．全体と各事業部のバランスは，判断の対象が何か，どのような時代環境か，これまでどのような経緯をへてきたか，経営者がどのような性格と技能を持っているかによって異なってくる」のである(Sloan, Jr., 1963))．

もちろん，分権か集権かといったように，相対する 2 つの政策間で組織が選択を迫られるといった問題は，経営の世界だけで生起するものではない．自由主義か計画経済か，規制緩和かそれとも統制か，いずれも，どちらが正解かといったような単純な問題ではない．

我々の社会では，その至るところに，こうして対峙する 2 つの要素が存在し，

それらの間で，常に振り子が揺れている．そして，その振れ方に無数のバリエーションがあるからこそ，企業グループという組織の場合には，そこに生起する諸問題に対して，管理会計が機能すると考えることができる．

ただ，海外事業よりも，国内事業の方が，その展開にあたっては，不測事態が少ない分だけ，振り子の幅は，小さくなると考えられる．

1.4 本章における考察の視点

わが国における戦略的グループ経営の前提を考察する際には，1.2「グループ経営の意義と戦略的グループ経営成立の諸要因」において述べたように，海外における事業展開，および，その要因に言及しなければならないと思われる．

本アンケートに対する企業の回答を，問 47(「その他，問題点・課題・要望等」)等別途質問に対する回答事項にもとづいて考察してみると，海外事業を積極的に展開している企業ほど，表の数字に現れない不明確さが回答に内在し，当該企業が抱える構造的諸問題が見え隠れしているように感じられる．

言葉を代えると，管理会計自体にあまり考慮を払っていないような印象を，個人的所感として，回答内容から感じた．

そこで，予算編成，利益計画，あるいは，業績評価といった管理会計制度が，グループ経営においても機能するための前提として，企業はどのような経営活動を指向しなければならないのかということを再考してみることも必要ではないかと考え，本章では，海外事業への展開ということを考察の中心に据えた，かつ，「1.1 アンケート調査に対する分析の視点」で述べた2つの分析の視点のうちの第2の視点にもとづく考察を試みることにした．

§2 戦略的グループ経営と海外事業展開—連結経営への外生要因—

「1.2 グループ経営の意義と戦略的グループ経営成立の諸要因」で述べた，連結経営成立の前提となる2つの事項（①日本版ビッグバン(金融自由化)の完

全実施,②国際収支における黒字基調と為替相場の変動)に内在する諸問題についての議論は,決して目新しいものではないが,風化した議論でもない.特に,グループ経営を海外事業展開の側面から考察していくならば,その程度に軽重はあるものの,これらの問題は,双方とも触れておかなければならない事柄である.

これら2つの前提は,一企業の経営活動の範疇をはるかに超えた次元で生起する事柄と考えられるが,①は,制度改革,もしくは,規則の制定といった,作為的な事柄(ファイナンスへ影響)であるのに対して,②は,①に比べると,現象的な側面(マネジメントへ影響)が非常に強い出来事といえる.

2.1 社会技術的制度改革とグループ経営

1996年10月17日に,橋本龍太郎首相(当時)の諮問機関である経済審議会の行動計画委員会ワーキング・グループによって,Free,Fair,そして,Global という3原則を掲げた日本版ビッグバン構想が打ち出された[1].

制度改革の主体が行政となるのは一般的なことであるが,制度改革の原因に

---

[1] 日本版ビッグバン構想における3原則を述べると次のようになる(金融庁 Webpage www.fsa.go.jp/p_mof/big-bang/bb1.htm を参照).

①Free(市場原則が働く自由な市場に):参入・商品・価格の自由化.

②Fair(透明で信頼できる市場に):ルールの明確化・透明化・投資家保護.

③Global(国際的で時代を先取りする市場に):グローバル化に対応した法制度・会計制度・監督体制の整備.

そのステップは,第1段階として銀行,証券子会社の業務規制を撤廃し,保険業界とその他の金融業の相互参入を認め,各金融商品の販売チャンネルを自由化することである.第2段階として決済システムの安定性や小口預金者,保険契約者を保護する立場から厳しい規制や監督はするが,原則として業態を登録制にし,だれもが資産管理,運用サービスに参入できる環境を構築することである.つまり,日本経済の低迷は,個人の運用ニーズに応じた金融商品の発達が遅れ,金融資産が有効に活用されていないことに起因しているという判断から発生した.

対する反応を考えたときには,民間から変革の声が上がるケースと,あくまで,行政がすべてのイニシアティブを握るケースとがある．こうした視点から,民間主導か,それとも,行政主導かという捉え方をするならば,日本版ビッグバンは,後者のタイプの制度改革であったと考えられる(蠟山昌一, 1998).

すなわち,金融改革の原因を考察すると,以下のようなことが指摘できる.

第1に,資金調達における直接金融への移行,いわゆる,金融システムにおける証券化(securitization)という現象である．第2に,経済の成熟化に呼応した,個人金融資産の非流動化である．そして,第3は,銀行を中心に,わが国の金融機関に問われる国際競争力である.

好景気のときには,資金需要に応じて,金融機関にはいくらでも供給先があったが,不況,もしくは,低成長下では,お金の使い道を選択しなければならない．すなわち,供給先,投資先を見いださねばならないことになる．こうした点で,わが国金融機関には,十分な能力がなかったといえる[22]．1987年のバーゼル合意(BIS 規制)後,バブル経済の最中で,銀行がとった融資活動,ならびに,バブル崩壊後にとった,貸し渋りや国債の買い付けといった活動は,わが国金融システムの欠陥を象徴する出来事だったといえる.

すなわち,「1.2 グループ経営の意義と戦略的グループ経営成立の諸要因」で触れた,伊藤教授の見解の中の,「日本型経営システムの逆機能」ということを最も強く考えさせられる出来事だったわけである．良し悪しの議論については,簡単にこれを論じることはできないものの,わが国経済の発展を支えてきた,日本的雇用環境,日本的経営形態,および,日本的官民関係という,独特の日本型経済システムへの警鐘であったといえる.

会計的視点から論じれば,連結経営にもとづく会計方式が重要な意味を持つことになるわけで,特に,資金調達の側面から,会計の外部報告の問題が浮上

---

2 [蠟山昌一, 1998]には,金融システムの証券化と,金融危機感の高まりとが,作用しあった結果であると述べられている.金融危機感の高まりの原因として,次の5点が上げられている．①個人金融資産運用の低迷,②金融システムの資金配分機能の低下,③不十分な国際分散投資,④金融サービス業の国際競争力

第6章　戦略的グループ経営と管理会計：海外事業展開に視点をおいて　117

する．これに伴い，適正かつ迅速な会計報告を可能にするために，経営の方法や組織が変化するということも考えられるが，基本的には，内部指向的な管理会計上の諸問題よりも，連結決算等において，財務会計的意義を問われる，様々な会計上の議論が登場したことになる．

これと関連して，本アンケートの調査項目にもなっている，連結の範囲(「グループの経営管理単位について」の諸項目，すなわち，問6〜問15までの諸項目)，あるいは，連結グループの評価指標(「業績評価の体系について」の諸項目，すなわち，問27〜問33までの諸項目)が重要な議論の対象になる．

2.2　産業空洞化とグループ経営

企業の海外進出に伴う空洞化の議論は，米国多国籍企業に端を発したもので，1960年代にまでさかのぼる古い問題である．当時，この問題は，まさに，合理的企業行動にもとづく，そして，投資相手国の誘致政策にもとづく海外投資行動に対する問いかけであった．その後，1980年代には，直接的な海外投資といった問題から離れたところで，米国製造業の衰退の原因と空洞化とが同じ目線で論じられた．空洞化論は，雇用問題等にみられる国家的課題というだけではなく，企業経営の本質に関わる，常に新鮮なテーマと考えられる．

ここで，「1.2　グループ経営の意義と戦略的グループ経営成立の諸要因」で示した，連結経営成立の前提の中の②の内容，すなわち，「国際収支における黒字基調と為替相場の変動」に対して，若干の検討を加えておくことにする．

国際収支の不均衡，特に，貿易収支の不均衡がもたらすものとは，貿易摩擦と為替変動である．対米貿易を例にとると，一般に，貿易収支の黒字幅が大きくなるほど，これに対する反作用の一環として，相手国に対する輸出規制や輸入拡大の要請圧力が強まるとともに，円高ドル安が基調となる．これを理解する好材料が，日米自動車問題の歴史である．

かつて，1980年および1981年と2年連続で，わが国を世界一の自動車生産

の劣化，および，⑤公的金融の肥大化ならびにスキャンダルである．

国に導いた，邦人自動車メーカーは，1979年の第2次オイルショック後，対米乗用車輸出自主規制の導入(1981年，上限枠168万台)，自主規制後の米国における現地生産の展開，米製自動車部品の自主購入等々に直面することとなった．自動車問題以外にも，1989年の「不公正貿易国・慣行の認定と制裁条項」，いわゆる，「スーパー301条」によって対象品目とされた半導体やスーパーコンピュータ等に対する市場開放要求が，わが国市場は閉鎖的であるとの指摘，そして，このことを指弾する問題として取り沙汰された．

これに付随して思い出されることは，教育用コンピュータの汎用OSとして，普及が期待されたTRONに対してさえも，米国の政治的圧力が加えられ，その計画が潰されてしまったことである．現在，その優秀性が正当な評価を得て，携帯電話等の電気製品の組込型OSとして，TRONが世界一のシェアを誇っているのは周知のことであるが，TRONに関わる過去の出来事は，日本国民が種々の局面で，苦い思いを味わわされてきた，わが国における，幾多の未熟な外交政策を象徴する出来事の1つだったといえる．

貿易収支との関わりから生まれる現地生産という形態は，政治的圧力によってもたらされる現象であるといえようが，1985年のプラザ合意後に訪れた円高基調は，生産コストに関わる純粋な問題を，わが国企業に提起することとなり，価格競争力を得るための海外進出を加速させた．

産業空洞化の問題とともに，わが国の多くの企業に対して，生産技術や営業活動といったことを対象とした努力を超えたところで生じる，コスト削減に関する，選択の余地のない合理的行動原理が強要されたことになる．

§3 グループ経営と管理会計の役割について

3.1 グループ経営とマネジメント・コントロール―戦略的計画設定と目標達成の手順―

グループ経営におけるマネジメント・コントロールのプロセスを示す一例として，次のような見解がある(Mueller et al., 1996)．

第6章　戦略的グループ経営と管理会計：海外事業展開に視点をおいて　119

①環境査定：為替レートや経営上のリスク等，国際的視点から，政治的，経済的，そして，文化的変数を識別評価する．

②子会社査定：国別に，子会社・関係会社の財務的資源，人的資源，製品資源等に関わる機会分析を行う．

③目的設定：代替案の設定・評価・選択をとおして，製品戦略や地理的戦略を立案する．

④標準の形成：予算編成，および，経営活動の標準設定．

⑤事業活動：子会社・関連会社における事業活動の展開と成果の会計測定．

⑥業績評価：実績値をフィードバックすることにより，予算との比較を行い，過去の事業活動の再検討と，将来計画の策定とを行う．

　グループ経営における，管理会計の研究領域，管理会計によるアプローチの範囲を規定した一つのモデルとして，このマネジメント・コントロールのシステムを捉えると，管理単位・機能・領域等について，以下のことが指摘できる．

　すなわち，上述のプロセスでは，局面④の「標準の形成」が多国籍企業集団親会社本部，海外子会社関係会社の双方で取り入れられていることを前提としている．つまり，この局面が多国籍企業集団親会社本部においても，海外子会社関係会社においても行われることが，マネジメント・コントロールの要件ということになる．もちろん，連結経営という視点からこれを捉えたときには，「標準の形成」にあたっては，親会社，および，海外子会社関係会社双方の間で，その整合性が図られていなければならない．

　本委員会による，アンケートでは，問8において，「子会社・関連会社の経営管理分担」を調査しているが，報告書をみてみると，基本的には，上述にあるような，本社と海外子会社関連会社とが，双方で，マネジメント・コントロールに参与するという企業は，ほとんど存在しないことが解る．つまり，この回答から，「1.3　組織の分権と集権」の中で述べた，Sloan, JR.の考える，「権限の分散と集中をうまくバランス」させる「経営の秘訣」がうまく機能していない状況を，推察できるのではないかと思われる．

　「1.2　グループ経営の意義と戦略的グループ経営成立の諸要因」において，

本社のCEOやCOOが，戦略的グループ経営管理において重要な役割を演じることになると述べたが，前パラグラフの内容と，このことを考え合わせたとき，アンケート調査の結果(問8に対する回答)から，本社のCEOやCOOにとって，海外事業展開に際して，「権限の分散と集中とをうまくバランス」することが困難となるような土壌が，そこに存在していることを感じとることができる．

「1.4 本章における考察の視点」の中で，「海外事業を積極的に展開している企業ほど，表の数字に現れない不明確さが回答に内在し，当該企業が抱える構造的諸問題を抱えているように感じられる．言葉を代えると，管理会計自体にあまり考慮を払っていないような印象」を回答内容から抱いたとの感想を述べたが，上記①から⑥に至るようなマネジメント・コントロールが機能しないような基本的要因とは何かということを考察しておくことも，管理会計研究にとって必要なことではないかと考える．

3.2 管理会計の活用要件

本章冒頭で，グループ経営とは「即興劇」であるという伊藤教授の見解を示したが，「即興劇」経営の目的，経営上の達成可能性を述べると，次のようになる(伊藤邦雄, 1999)．

　①グローバリゼーション(全域対応)とローカリゼーション(地域対応)との同時追求

　②競争と協調との同時取込み

　③大規模企業のメリットとベンチャー企業のメリットとの同時追求

上記①，②，および③の達成には，本来，次のような問題が内在している．

①に関して述べると，「コスト効率よくグローバリゼーションを追求していくには，各地域に画一的な経営システムや製品を導入するのが効果的である．一方，ローカリゼーションを追求すれば，現地に密着した経営が可能となるものの，コストがかかりすぎ，グローバルに展開する競合他社との競争に敗れてしまうかもしれない(同上書)」という問題が考えられる．

②については，「競争メカニズムを重視すれば，各メンバー企業の競争力は促

せるものの，メンバー企業間での連携はとりにくくなる．逆に，協調メカニズムを重視すれば，メンバー企業間の連携はとりやすいものの，時として連携がもたれ合いへと変化してしまう危険(同上書)」を指摘できる．

③については，「規模の経済性を追求するためにグループ規模を拡大すれば，コスト効率は高まる．しかし，あまりに規模が拡大してしまうと，環境の変化に対応できなくなるおそれがある．一方，ベンチャー企業であれば，市場環境の変化に柔軟に対応することも可能だが，コスト競争やリスク対応などの観点から不利である(同上書)」ことが解る．

上記「即興劇」グループ経営が目指すものと，そこに内在する矛盾とを考察したとき，いずれの問題に対しても，「1.3　組織の分権と集権」において示した，「権限の分散と集中をうまくバランスさせ，分権化を進めながらも全体の足並みを揃え続けるのが，優れた経営の秘訣である」という，Sloan, Jr.の言葉に思いが及ぶ．すなわち，「即興劇」グループ経営とは，上述の言葉の中で，Sloan, Jr.が述べている，「優れた経営の秘訣」のことを指しているように思われる．

では，グループ経営に関する管理会計研究とは，管理会計が，このような「秘訣」をもたらすものであるとのスタンスで遂行されるものであろうか，それとも，このような「秘訣」の存在が前提条件として必要であって，その「秘訣」を解明するプロセスの中で，管理会計のあり方を考察するという方法で行われるものであろうか．

少なくとも，本論の副題にもあるように，海外事業展開ということを，考察の基点とした場合には，グループ経営には，「2.1　社会技術的制度改革とグループ経営」，および，「2.2　産業空洞化とグループ経営」において述べた，不可避的な外生要因が，その前提に存在したといえる．この呪縛を振り払うものが「秘訣」であるとするならば，その「秘訣」は，管理会計によって見いだされるものではなく，どちらかといえば，4P(Product, Place, Promotion, Price)をベースとしたマーケティング政策に求められるものである．マーケティング政策を管理会計がサポートする仕組みは，均衡顧客分配価値の概念を通して捉えることができる(河野充央, 2003).

3.3 グループ経営と市場の論理

基本的に，企業の役割とは，顧客価値を有する製品やサービスを市場に提供することをとおして，あらゆる利害関係者への責任を果たすことである．そして，そこには，存続の義務も存在する．同時に，顧客価値の本質とは，均衡顧客分配価値の認識方法にもとづいて把握可能なものであるということを理解することもできる．

「製品概念の再考にもとづく顧客価値の測定と評価[3]」，および，「会計情報と市場メカニズム[4]」に関わる問題を考察すると，マーケティングと管理会計とをいかに融合させるかということが，現代市場において競争理論を構築する上で，重要なテーマであることが解る．この2つの領域をつなぐことによって，現代競争市場の仕組が解明される．

すなわち，ミクロ経済学における完全競争市場では，需要曲線と供給曲線とによって導かれる価格によって，消費者行動と企業行動とが支配されるが，現代競争市場では，消費者行動を解明するためには，マーケティング理論が必要となり，企業行動を解明するためには，管理会計の理論を必要とするのである．このことを理解することによってはじめて，価格の役割を果たすものが，顧客分配価値(Customer Delivered Value；CDV)であることが理解できる(河野充央，2003)．このことは，互いにトレード・オフの関係にある，価格とベネフィットとを独立変数とした3次元モデルによって捉えることができる．この3次元

---

[3] コスト・オブジェクティブとしての製品を，Kotlerの製品階層概念をもとに捉えると，顧客価値の測定と評価に，明確な指針が与えられる(河野充央，2003)．Kotlerの製品階層概念については，Kotler,P(1984,1994)を参照のこと．

[4] Kotlerが定義する顧客分配価値の概念に，原価企画の経営思想や，効用差分，ならびに，貨幣差分といった考え，また，会計測定の理論を融合することによって，「均衡顧客分配価値」が導かれる(河野充央，2003)．Kotlerの顧客分配価値の概念については，Kotler,P(2000)を参照のこと．

モデルでは，需要曲線に該当するものが消費者行動曲面であり，供給曲線に該当するものが企業行動曲面である．そして，これら2つの曲面の交わるところに，均衡顧客分配価値が存在する(同上書)．

この関係は，市場情報がオープンである限り，国際市場においても成立する．

たとえば，ITの進展に伴って，企業には，新しい事業機会が創造されることになったが，これは市場の複雑化，グローバル化といった現象と並行して論じられることがらでもある．すなわち，市場に関わる諸変数，例えば，販売数量，価格，競争，規制，社会環境等は，以前にもまして，我々の手を離れた所で，ダイナミックな動きを示すようになったが，これにより，同時に，情報を的確に活用する企業には成功を，これを誤る企業には失敗をもたらすということを意味し，ビジネスにおける不確実性の増幅によって，企業間格差をますます増大させるような事態が露呈することになったのである．

完全情報化では，情報そのものに特段の意味を認めることができなくなってしまうが，情報の透明度に，企業間格差が生じるときには，企業のマネジメント能力が試されることになる．

しかしながら，国際市場は幾重ものベールに包まれており，正確な情報をキャッチすることが難しいのである．つまり，3.1で述べたマネジメント・コントロールのプロセスの局面①，すなわち，「環境査定」が，なかなか思うようにはいかない．「環境査定」とは，為替レート，相手国政府の政策，その他種々のリスク査定であるが，これら外生要因を正確に判断するための情報を入手するのは困難である．すなわち，国内市場に比べると，企業努力にもとづく競争環境は提示されにくいと考えてよい．

3.4 海外事業戦略と管理会計

3.4.1 工程間分業と製品差別化分業

グループ経営における経営計画や経営戦略には，ある前提が必要であって，このような前提のもとに予定が立てられるという見解を，「1.1 アンケート調査に対する分析の視点」の中で引用したが，これは，その前提によって，マネ

ジメント・コントロールも可能になることを意味している．そして，その前提とは，「3.1 グループ経営とマネジメント・コントロール—戦略的計画設定と目標達成の手順—」で述べた，「環境査定」をするための国際環境(国際政治・国際経済環境)である．

「§2 戦略的グループ経営と海外事業展開—連結経営への外生要因—」で述べたように，海外事業の前提が急変する，あるいは，その前提に対する評価があまり多くの選択肢を企業に許容しないことこそが前提であるような環境におかれている，昨今のわが国企業によるグループ経営では，必然的に生じる企業活動とは，工程間分業か製品差別化分業である．すなわち，マネジメント・コントロールは，このいずれかの分業の中で，実施されていることになる．

視点を変えるならば，国際経済における重要な理論の1つである比較優位論のもとで，経営活動を遂行する企業と，これを打破しようとする企業とに分別されることになる．

例えば，わが国企業の欧米への直接投資の場合には，貿易障壁や市場のニーズを考慮した海外進出のケースを想定できるが，アジア諸国への直接投資は，その多くが，あくまでも，コスト戦略にもとづく海外進出と考えられる．前者の企業活動は，比較優位論で説明することは困難であるが，後者の企業活動は，明らかに，労働集約的製品の製造において優位性を有するアジア諸国との国際分業形態であるといえる．

つまり，経済の成熟期にはいったわが国において，魅力ある企業とは，国内に踏みとどまることのできる技術力を誇る実力派の企業，もしくは，国内生産と海外生産との棲み分けができるような製品群(すなわち，技術を国内に留め置くということを前提とした．高価品，廉価品，あるいは，高級品，買回品等の区分による製品群)を有している企業である．

また，昨今の，邦人企業の動きとして，製品のモジュール化と並行して，ブラックボックス化ということが浸透している。このような動きも，海外事業展開からもたらされる利益を長期的に捉えた上での，比較優位論を超えた，製品差別化分業につながる，必然的な，企業経営の流れといえるだろう。

3.4.2 今後の研究課題

「グループ経営管理体制を確立するためには，企業グループのミッションを中心として，経営戦略，業務プロセス，人・組織，情報システムの4つの視点からアプローチ」することが有効である(ベリングポイント社，2003). また，「グループのミッションに基づき，具体的にグローバル経営を推進するためには，ミッションを達成するためのグループ経営戦略を策定することが重要となる. 一般にグループ経営戦略は，グループ全体戦略と個別戦略に分類される. 全体戦略はグループの事業領域(ドメイン)や方向性を示し，個別戦略は事業戦略，機能別戦略，地域戦略により細分化される. これらの戦略策定の切り口・手法は単体ベースのものと同じであり，範囲・視点をグループ全体に広め，グループ全体での最適を目指す点で異なる(同上書).」

グループ経営戦略が，業務プロセスを計画し，実行主体となる人・組織，そして，これをサポートする情報システム(ちなみに，本アンケートでは，問33(ERPパッケージソフトの活用状況)において，このことへの言及がなされている)によって具体化されるものであると考えたとき，「3.1 グループ経営とマネジメント・コントロール―戦略的計画設定と目標達成の手順―」において述べたように，これらは，「分権と集権とのバランス」にもとづき遂行されることが望ましい.

また，業務プロセスを，3.1で示したマネジメント・コントロールのプロセスと対比するならば，④，⑤，⑥のプロセス，すなわち，「標準の形成」，「事業活動」，および，「業績評価」が，おおむね，これに該当すると考えられる.

本アンケートの問19(中期事業計画の策定単位)，問20(中期事業計画の達成度の測定・評価)，および，問21(本社における予算編成単位)の設問内容と関連するが，一般に，「標準の形成」では，子会社・関連会社，もしくは，事業部によって策定された中長期の経営計画と，グループ全体としての目標数値とが調整され，最終的な，グループとしての計画が決定する. そして，これにもとづく予算編成と短期利益計画とが，実行計画として策定される.

これらがうまく機能すればよいが，アンケートの回答内容から判断すると，

多くの企業において，そのとおりには行われていないようである．

　予算編成にあたっては，為替レートや物価水準の変動，銀行借入のコストおよび方法，税制，顧客の支払条件，現地国の諸規則，雇用慣行，会計制度等が考慮されなければならない．そして，「事業活動」，「業績評価」のプロセスにおいて，業績報告や予算実績管理が行われる．

　業務プロセスにおいては，上記の予算編成において考慮すべき事柄にたいして，財務ないしは経理部門が適切な情報を提供することが求められる．また，企画部門や人事部門といった，他部門との連携が求められる．これらが円滑に行われるためには，本社のCEOやCOOに対して，「即興劇」経営，もしくは，「分権と集権とのバランス」感覚が求められる．アンケートの回答内容は，適切な情報を入手することの困難性を表したものと解釈できる．

　グループ経営にもとづく海外事業展開の研究視点として，当該企業の海外事業を，製品単位，地域単位等にもとづき，前のパラグラフ3.4.1で述べた，工程間分業と製品差別化分業とに分類して分析をすることが，効果的な研究成果を得ることにつながるのではないかと思う．

　なぜならば，後者の割合が大きければ大きいほど，主体的な経営活動が可能となるので，必然的に，管理会計の有効性がより多く発見できると考えられるからである．これに対し，前者は，本質的に，空洞化を誘引するものであり，そもそも，比較優位論に導かれたものであって，本来，管理の及ばないものである．つまり，コスト管理にかかわる旧来の管理会計研究の成果を超えた新たな研究成果を，そこから見出すことは難しいと思われる．

　細部にわたる調査を実施していないため，あくまで仮定として述べるにとどまるが，業務プロセスに関わる，上述の，問19，問20，および，問21への回答と，回答企業の製品差別化分業度の割合とには，相関関係が存在するのではないかと感じている．

参考文献

伊藤邦雄．1999．『グループ連結経営』日本経済新聞社．

河野充央．2003．『情報化社会における管理会計の役割―現代競争市場へのアプローチとなる2つの前提をふまえて―』税務経理協会．

西澤脩．2000．『管理会計ビッグバン 利益から資金・価値の管理へ』中央経済社．

日本管理会計学会グループ経営専門委員会．2002．『「グループ経営に関する実態調査」報告書』

野村健太郎．2000．『連結経営の衝撃』中央経済社．

ベリングポイント社．2003．『戦略経理マネジメント』生産性出版．

蠟山昌一．1998．「日本版ビッグバン青写真作成に参加して」『広島大学経済論叢』特集号．

Kotler, P. 1984. *Marketing Essentials*, Prentice-Hall, Inc.

Kotler, P. 1994. *Marketing Management (8th Edition):Analysis,Plannning Implementation, and Control*, Prentice-Hall Inc.

Kotler, P. 1994. *Marketing Management (The Milennium edition)*,Prentice-Hall,Inc.

Mueller, G.G., G. K. Meek, and H. M. Gernon. 1996. *Accounting：An International Perspective. 4th edition*. Richard D. Irwin. 野村健太郎，平松一夫監訳．1999．『国際会計入門』中央経済社．

Sloan, Jr., A. P. 1963. *My years with General Motors*. Doubleday, New York. 有賀裕子訳．2003．『GMとともに』ダイヤモンド社．

本章の§3の執筆内容には，平成16年度，ならびに，同17年度科学研究費補助金(基盤研究(C)(2)，研究課題名：現代競争市場における戦略的管理会計システムの構築，課題番号：16530296)による研究のうちの，本年度(平成16年度)分研究成果の一部が還元されている．

付録（A）

日本管理会計学会『グループ経営に関する実態調査』質問・回答用紙

■貴社・グループの概要について

問1　貴社名

問2　ご住所

問3　当質問票にご協力頂いたご担当部署・担当者様名（集計結果をお送りします）

Eメールアドレス：

問4　以下の項目について、平成12年度末の数値をご記入ください。

イ	売上高		単独		百万円
			グループ		百万円
ロ	海外売上高比率		単独		％
			グループ		％
ハ	資本金		単独		百万円
			グループ		百万円
ニ	従業員数		単独		千人
			グループ		千人
ホ	経営管理対象となるグループの概要について	子会社	連結対象	国内	社
				海外	社
			非連結対象	国内	社
				海外	社
		関連会社	連結対象	国内	社
				海外	社
			非連結対象	国内	社
				海外	社

問5　貴社の属する業種区分について、次の中から1つを選択し番号でお答えください。その他の場合は具体的にご記入ください。

1.水産・農林　2.鉱業　3.建設業　4.食品　5.繊維工業　6.紙パルプ　7.化学工業　8.石油・石炭製品
9.ゴム製品　10.窯業　11.鉄鋼業　12.非鉄金属　13.金属製品　14.機械　15.電気機器　16.輸送用機器
17.精密機器　18.その他製造業　19.商業　20.金融・保険　21.不動産　22.陸運・海運・空運　23.倉庫・運輸関連
24.通信　25.電力・ガス　26.サービス　27.その他

回答欄

■グループ経営の管理単位について

□問6　貴社では事業を管理する単位をどのように認識していますか。以下の図のイ～チのうち、該当する項目の管理単位数（事業部の数、子会社数など）を回答欄にご記入ください。なお、以下の図が貴社の組織構造と大きく異なる場合は該当の範囲のみ、もしくは図を適宜修正の上図中に回答をご記入ください。

```
┌─────────────────────────────────────────────┐
│ グループ本社内    本社トップマネジメントおよび管理部門 │
│  ┌──────┐ ┌────┐ ┌────────────────┐      │       ┌────────┐
│  │子（関連）│ │他機能│ │（イ）事業部門（社内分社等を含む）│      │(ト)純粋持株会社傘下子会社、もしくは社内の中心的な事業部門と並列的に扱われるコア（中核的な）子会社│ │(チ)シェアード・サービス子会社(情報処理、経理、人材派遣、物流などグループ共通のサービス提供会社)│
│  │会社統括│ │部門 │ │ ┌──────────────┐│      │        │
│  │部門   │ │    │ │ │(ロ)事業部門内事業部  ││      │        │
│  └──┬───┘ └─┬──┘ └─┬────────────┬─┘      │        │
└─────┼────────┼──────┼────────────┼─────────┘       └────────┘
   ┌──┴──┐ ┌──┴──┐ ┌─┴───┐ ┌──┴───┐
   │(ハ)  │ │(ニ)  │ │(ホ)  │ │(ヘ)  │
   │子（関連）│ │子（関連）│ │子（関連）│ │子（関連）│
   │会社   │ │会社   │ │会社   │ │会社   │
   │（国内外）│ │（国内外）│ │（国内外）│ │（国内外）│
   └─────┘ └─────┘ └─────┘ └─────┘
```

		回答欄
（イ）	事業部門（事業部、事業本部、社内分社、カンパニー等を含む本社トップ直下にある事業組織）	個
（ロ）	事業部門内の事業部（全社総数）	個
（ハ）	子（関連）会社統括部門によって管理されている会社 関係会社統括部等の専門管理部門の貴社における名称	社
（ニ）	生産統括部門、営業部門など、子会社統括部門以外の機能部門によって管理されている子会社	社
（ホ）	事業部門によって管理されている子（関連）会社（連結会社） ＊管理上事業部門に属し、経理上も連結されている子会社	社
（ヘ）	事業部門内事業部によって管理されている子（関連）会社（事業連結子会社）	社
（ト）	グループ経営にとってコア（中核）となる子（関連）会社（純粋持株会社傘下子会社もしくは事業部門と並列的な）	社
（チ）	グループ共通の間接部門サービス（経理機能など）提供会社（シェアード・サービス子会社）	社

□問7　問6の本社内の組織について、貴社ではどのような名称で呼ばれていますか。
　　　次の中から1つを選択し番号でお答えください。その他の場合は具体的にご記入ください。

①事業部制　　②事業本部制　　③カンパニー制　　④社内分社制
⑤純粋持株会社制　　⑥機能別組織　　⑦その他（具体的な名称）

回答欄

□問8　貴社内における子（関連）会社の経営管理の分担について、次の中から1つを選択し番号でお答えください。その他の場合は具体的にご記入ください。

① 各事業部・部門が行い、本社（全社）部門は関与しない
② オペレーショナルコントロールを事業部・部門等が行い、マネジメントコントロールは本社（全社）部門が行う
③ 本社（全社）部門が経営管理全般を行う
④ その他

回答欄

付録（A）　131

□問9　事業連結子会社（問6の（ホ）および（ヘ））は事業とどの程度一体化していますか。
　　　　次の中から1つを選択し番号でお答えください。

① 事業連結子会社は連結対象の事業部門の業務に特化している
② 事業連結子会社は連結対象の事業を中心に行っているものの、その他の事業部門の仕事も手掛ける
③ 事業連結子会社は連結対象の事業部門以外の業務を手掛けている比率が高い
④ 一体化の度合いが高い子会社と低い子会社とが混在している

　　　　　　　　　　　　　　　　　　　　　　　　　　　　　　　　　　　回答欄

□問10　事業に関連する子会社であるが事業連結されていない子会社はありますか。
　　　　次のいずれかを選択し番号でお答えください。
　　　①はい　　②いいえ

　　　　　　　　　　　　　　　　　　　　　　　　　　　　　　　　　　　回答欄

□問11　問10で①と回答された方について、
　　　　事業に関連していても連結させない子会社が存在するのはなぜですか。
　　　　次の中から1つを選択し番号でお答えください。その他の場合は具体的にご記入ください。

① 複数の事業分野に関連していて特定の事業に連結できないから
② 事業部門の管理能力が事業連結をするレベルに達していないから
③ 人事ポストと指揮命令系統上の問題から事業連結体制ができないから
④ 事業連結で管理するという概念がないから
⑤ その他（具体的に）

　　　　　　　　　　　　　　　　　　　　　　回答欄

□問12　事業に関連していても事業連結できないのはどのような子会社が多いですか。
　　　　次の中から該当するもの全てを選択し番号でお答えください。その他の場合は具体的にご記入ください。

① 生産系の子会社　　② 販売系の子会社　　③ 技術系の子会社　　④ 機能分離型の子会社全般
⑤ 独立事業系の子会社
⑥ その他（具体的に）

　　　　　　　　　　　　　　　　　　　　　　回答欄

□問13
　グループ内各組織における経営機能の所在について伺います。右の表中の部門（職能）について、本社共通部門、本社内事業部門、事業部門が管理している子（関連）会社、コア（中核）子会社それぞれが保有している部門（職能）があれば、該当箇所に○印をつけてください。

部門（職能）	本社共通部門としてある	本社内事業部門にある	事業部門が管理している会社にある	コア（中核）子会社にある
（例）企画部門	○		○	○
経営企画部門				
経営情報部門				
IR部門				
人事部門				
製造統括部門				
販売統括部門				
マーケティング部門				
与信部門				
経理部門				
財務部門				
経営法務部門				
特許部門				
監査部門				
内部監査部門				
研究開発部門				
購買部門				
物流部門				
関係会社管理部門				
海外事業担当部門				

□問14　本社をグループ本社機能に特化させる（純粋持株会社）、もしくは本社内をグループ本社機能と事業執行に分ける（事業持株会社）構想はありますか。
　　　　次の中から1つを選択し番号でお答えください。　　　　　　　　　　　　　　　　回答欄

　　　　①純粋持株会社を構想している　　②事業持株会社を構想している　　③とくに構想はない

□問15　グループ事業再編に関連する以下の法制度について、それぞれについて番号でお答えください。
　　　　また、既に活用された場合、どのような目的で活用されたか具体的にご記入ください。

	回答欄
株式交換（商法352条）	
株式移転（商法364条）	
会社分割（新設分割：商法373条）	
会社分割（吸収分割：商法374条の16）	

① 既に活用した
② 活用を予定している
③ 知っているが活用したことはない
④ 知らない

■グループの戦略計画・中期事業計画について

□問16　グループの戦略計画を立案するにあたって、子（関連）会社は関与しますか。　回答欄
　　　　次の中から1つを選択し番号でお答えください。

　　　　①関与しない　　②コア（中核）企業だけが関与する　　③コア以外の企業も必要に応じて関与する
　　　　④全企業が関与する

□問17　貴社子（関連）会社のうち戦略計画・中長期事業計画の対象となっている企業は何社ありますか。
　　　　（イ）連結対象、（ロ）非対象それぞれの社数をお答えください。
　　　　　　　　　　　　　　（イ）連結対象会社　回答欄　　　　（ロ）非対象会社　回答欄

□問18　グループ経営について協議する場を設置されていますか。該当する場合は、（イ）その名称、
　　　　（ロ）参加者、（ハ）事務局、（ニ）設置年についてお答えください。
　　　　　　　　　　　　　回答欄　　　　　　　　　　　　　　　　　　　　回答欄
　　　　（イ）　その名称　　　　　　　　　　　　（ハ）　事務局

　　　　（ロ）　参加者　　　　　　　　　　　　　（ニ）　設置年

□問19　中期事業計画の策定単位について、次の中から該当するもの全てを選択し番号でお答えください。
　　　　その他の場合は具体的にご記入ください。

　　　　① 社内カンパニー（社内分社、事業グループ、事業本部等）別連結
　　　　② 社内カンパニー別単独　　③事業部・部門別連結　　　　　　　　　回答欄
　　　　④ 事業部・部門別単独　　　⑤上場子会社とその子会社
　　　　⑥ 企業グループ全体　　　　⑦地域別連結
　　　　⑧その他（具体的に）
　　　（企業における組織を第1次に事業部としている場合は①か②を選択してください。③と④はそれよりももう一段下位のレベルを意味します。）

□問20　中期事業計画の達成度合いを測定・評価していますか。
　　　　次の中から1つを選択し番号でお答えください。

　　　　① 測定していない　　　　　　　　　　　　　　　　　　　　　　　　回答欄
　　　　② 測定しているがそれを評価には結びつけていない
　　　　③ 測定し評価している

付録（A）　133

■予算策定・短期利益計画について

□問21　本社における予算編成単位はどれですか。次の中から該当するもの全てを選択し番号でお答えください。その他の場合は具体的にご記入ください。

① 社内カンパニー（社内分社、事業グループ等）別連結
② 社内カンパニー（社内分社、事業グループ等）別単独
③ 事業部別連結
④ 事業部別単独
⑤ 上場子会社とその子会社
⑥ 地域別連結
⑦ その他（具体的に）

回答欄

（企業における組織を第1次に事業部としている場合は①か②を選択してください。③と④はそれよりももう一段下位のレベルを意味します。）

□問22　企業グループの予算目標として掲げている数値は何ですか。
　　　次の中から該当するもの全てを選択し番号でお答えください。その他の場合は具体的にご記入ください。

①連結ROA　　②連結ROE
③連結EVA　　④フリー・キャッシュフロー
⑤ その他（具体的に）

回答欄

□問23　グループの利益計画として作成されるものは何ですか。
　　　次の中から該当するもの全てを選択し番号でお答えください。その他の場合は具体的にご記入ください。

①損益計算書　　②貸借対照表
③キャッシュ・フロー計算書
④資本予算書　　⑤ その他（具体的に）

回答欄

□問24　グループの利益計画を作るにあたって、本社（持株会社）はガイドラインを示しますか。
　　　次のいずれかを選択し番号でお答えください。

　　　　①はい　　②いいえ

回答欄

□問25　問24で①と回答された方について、ガイドラインはどのようにして作られていますか。
　　　次の中から1つを選択し番号でお答えください。その他の場合は具体的にご記入ください。

① 本社（持株会社）単独で策定
② 関係会社の意見を事前に聴取
③ 主要関係会社と合同　　④ その他（具体的に）

回答欄

□問26　グループの利益計画の策定方法について、次の（イ）～（ニ）それぞれについて、該当する場合は、回答欄に○印をご記入ください。その他の場合は具体的に（ホ）にご記入ください。

（イ）　グループの利益計画は、セグメント（当社の部門とその子会社をグループとする）ごとに策定したものを集計する。
（ロ）　グループの利益計画は、長期利益計画と短期利益計画の両方を策定している。
（ハ）　短期利益計画のみ策定／部分的に策定し全体的には策定していない。
（ニ）　グループの目標値を定めこれを各単位に割り当てる。
（ホ）　その他

（イ）	（ロ）	（ハ）	（ニ）	（ホ）

■業績評価の体系について

□問27 本社事業部門、販売・生産機能部門等及びグループの子(関連)会社の業績評価基準として何を使いますか。次の表に書き込んでください。また、組織業績評価が事業の評価(事業の継続に関する意思決定)と異なる場合には、事業評価基準についてもお答えください。
ご記入に際しては、評価方法について、(絶対額:**A**)、(目標達成率:**O**)、(対前期伸び率:**G**)の英文字でお答えください。なお、複数(絶対額と目標達成率など)の場合は、複数記入してください(**AO**等)。

基準 \ 適用対象	本社(親会社)					グループ企業							
	事業評価	組織業績評価				事業評価	組織業績評価						
							事業会社		機能子会社			海外	
	親会社内の事業(本社)	事業部門	販売機能部門	生産機能部門	共通部門	グループとしての事業	コア(中核)会社	ノンコア会社	販売子会社	生産子会社	用役子会社	金融子会社	海外子会社	海外子会社統括会社
財務数値 売上高														
売上総利益														
営業利益														
経常利益														
税引き前利益														
税引き後利益														
キャッシュ・フロー														
フリー・キャッシュフロー														
使用資産利益率(ROA)														
投下資本利益率(ROI)														
株主資本利益率(ROE)														
残余利益(RI)														
経済的付加価値														
非財務数値 シェアー														
生産高														
輸出高														
納税額														
配当性向														
在庫水準														
品質水準														
納期・欠品水準														
設備効率・稼動率														
顧客開拓率														
顧客収益性														
顧客満足度														
新製品数														
従業員満足度														
( )														
( )														
( )														

付録（A）　135

☐問28　貴社では社内部門、子（関連）会社の業績管理にバランスト・スコアカードを導入していますか？
　　　　次のいずれかを選択し番号でお答えください。

　　　　　　①社内部門だけに適用　　　　　②子（関連）会社だけに適用
　　　　　　③社内、子（関連）会社共に適用　④適用せず

　　　　　　　　　　　　　　　　　　　　　　　　　　　　　　　　　回答欄

☐問29　社内金利制度を採用していますか。
　　　　次のいずれかを選択し番号でお答えください。

　　　　　　①はい　　②いいえ

　　　　　　　　　　　　　　　　　　　　　　　　　　　　　　　　　回答欄

☐問30　本社内の事業部（門）について社内資本金制度を採用されている場合、事業部（門）の社内資本金には子会社出資金が含まれていますか？　次のいずれかを選択し番号でお答えください。
　　　　＊社内資本金制度を採用されていない場合は空欄で結構です。

　　　　　　①はい　　②いいえ

　　　　　　　　　　　　　　　　　　　　　　　　　　　　　　　　　回答欄

☐問31　子（関連）会社からの情報は円滑に収集できる状況にありますか。
　　　　次の中から1つを選択し番号でお答えください。

　　　　　①　月次連結決算を滞りなくできている。
　　　　　②　月次連結では一部子（関連）会社の情報収集が遅れる場合があるが年度決算では滞ることはない。
　　　　　③　年度決算においても、一部子（関連）会社の情報収集が遅れる場合がある。

　　　　　　　　　　　　　　　　　　　　　　　　　　　　　　　　　回答欄

☐問32　連結決算、グループ内の情報交換等を円滑に行うために、情報システム基盤が整備されていますか。
　　　　次の中から該当するもの1つを選択し番号でお答えください。その他の場合は具体的にご記入ください。

　　　　　①　連結対象企業には整備されている。
　　　　　②　戦略計画・中期事業計画対象企業には整備されている。
　　　　　③　その他（具体的に）

　　　　　　　　　　　　　　　　　　　　　　　　　　　　　　　　　回答欄

☐問33　ERP（Enterprise Resource Planning）パッケージソフトを導入されている場合、どのような機能を利用していますか。
　　　　次の中から該当するもの全てを選択し番号でお答えください。その他の場合は具体的にご記入ください。

　　　　　①　財務会計　②　管理会計　③　連結決算
　　　　　④　生産管理　⑤　物流管理　⑥　営業管理
　　　　　⑦　品質管理　⑧　バランスト・スコアカード
　　　　　⑨　ABC（活動基準原価計算）　⑩その他（具体的に）

　　　　　　　　　　　　　　　　　　　　　　　　　　　　　　　　　回答欄

■グループ会社の設立、整理・統廃合について

☐問34　業績評価に基づく整理・統廃合基準（例えば3期連続赤字は整理対象とするなど）を設けていますか。
　　　　次のいずれかを選択し番号でお答えください。

　　　　　　①はい　　②いいえ

　　　　　　　　　　　　　　　　　　　　　　　　　　　　　　　　　回答欄

☐問35　問34で①と回答された方について、具体的な基準について記入してください。

　　　　　　　　　　　　　　　　　　　　　　　回答欄

■グループのキャッシュ・フロー計画について伺います

□問36　関係会社各社は個別に外部から資金調達できますか。
　　　　次のいずれかを選択し番号でお答えください。

　　　　　① 集中管理をしているので不可
　　　　　② 個別管理をしているので可能

回答欄

□問37　問36で①と回答された方について、集中管理する目的は何ですか。
　　　　次の中から該当するもの全てを選択し番号でお答えください。その他の場合は具体的にご記入ください。

　　　　　① 金利の低減
　　　　　② 経営管理
　　　　　③ 内部監査上のチェック
　　　　　④ その他（具体的に）

回答欄

■子（関連）会社からの利益徴収、本社費・共通費の賦課について

□問38　子（関連）会社から自社に対する配当支払に基準を設けていますか。
　　　　次のいずれかを選択し番号でお答えください。

　　　　　①はい　　②いいえ

回答欄

□問39　問38で①と回答された方について、配当支払基準についてお答えください。
　　　　例：配当率○○％、配当性向○○％など

回答欄

□問40　配当以外でブランド料、経営指導料、その他本社費用を徴収されていますか。
　　　　該当する項目があれば、徴収基準に○印（複数回答可）を記入してください。
　　　　その他については具体的にご記入ください。

	売上高基準	粗利益基準	経常利益基準	市価基準	活動基準に基づく配賦	その他
商標（ブランド）使用料						
経営指導料						
経理、財務、総務部門費用						
情報システム費用						
研究開発費用						
その他（　　　　）						
その他（　　　　）						

□問41　事業部門との連結対象もしくは管理対象となっている子（関連）会社に対するブランド料、経営指導料その他本社費用の徴収について、徴収責任は該当事業部門の責任となっていますか。
次のいずれかを選択し番号でお答えください。

　　①はい　　②いいえ

回答欄

■グループの人事労務について

□問42　子（関連）会社長の考課について、組織業績評価の結果を人事考課に反映させていますか。
次のいずれかを選択し番号でお答えください。

　　①はい　　②いいえ

回答欄

□問43　問42で①と回答された方について、業績評価結果は人事考課にどのように反映されていますか。
具体的にご記入ください。

回答欄

□問44　中核的な子（関連）会社の役員について、本社の社員、役員が兼任している場合、どのような職位の方が兼任されていますか。
次の中から該当するもの全てを選択し番号でお答えください。その他の場合は具体的にご記入ください。

① 事業部長、社内分社長
② 平取締役
③ 役付（専務、常務）取締役
④ 副社長
⑤ 社長
⑥ 会長
⑦ 監査役
⑧ その他（具体的に）

回答欄

■その他

□問45　政府は連結納税制度を導入しようとしていますが、活用を検討されていますか。
次のいずれかを選択し番号でお答えください。

　　①はい　　②いいえ

回答欄

□問46　連結納税制度が導入された場合、グループ経営組織に関して貴社にどのような影響があるとお考えですか。
次の中から該当するもの1つを選択し番号でお答えください。その他の場合は具体的にご記入ください。

① 純粋持株会社に移行する
② 分社化が促進される
③ とくに影響はない
④ その他（具体的に）

回答欄

☐問47　最後に貴社のグループ経営の課題、制度に対する要望など自由にお書きください。(項目でも結構です)

質問は以上です。ご協力ありがとうございました。

付録 (B)

「グループ経営に関する実態調査」報告書

日本管理会計学会
グループ経営専門委員会

はしがき

　グループ経営をどのように効果的に実施していくかという問題は、いまや企業経営の中心部分となってまいりました。このことは近年一層の進展を見せ、製造や販売活動における事業部と子会社・関連会社の連携のみならず、各種のアライアンスの問題から、シェーアード・サービスの問題、さらにはサプライチェーンやロジスティックスにおける協業にいたるまで、広範な戦略的問題を含む総合的経営問題となっております。

　そこで当委員会では、日本管理会計学会の10周年記念事業の一環として、グループ経営に関する実態調査研究を行うことによって、広く実務におけるこの問題の実態を解明し、その改善に向けて研究を行うことを決意しました。

　もとより紙数に制限がありましたし、またご回答の簡略化を図ったため、結果として隔靴掻痒の面もあろうかと思いますが、幸い、わが国におけるグループ経営の代表的各社のご協力と懇切なご回答をいただき、実りのある調査結果を得ることができました。

　ご協力くださった方々に対し、ここに改めて感謝の意を表するとともに、ご回答を集計した結果をお送り申し上げます。

　われわれは、本実態調査がわが国におけるグループ経営の相当部分を照らし出して、社会に貢献するものであることを願い、これを幸いとするものであります。

2002年10月31日

日本管理会計学会　　グループ経営専門委員会

委　員　長	木村　幾也	（岡山商科大学）
副委員長	松尾　貴巳	（神戸大学）
委　　員	挽　　文子	（一橋大学）
委　　員	河野　充央	（広島県立大学）
委　　員	小松原　聡	（㈱三菱総合研究所）
委　　員	渡辺　康夫	（知識創造研究所）
委　　員	八木　和則	（横河電機㈱）

目　次

はしがき
§1．本実態調査の概要
　　1．本実態調査の目的 …………………………………144
　　2．本実態調査の対象 …………………………………144
　　3．本実態調査の方法 …………………………………144
　　4．実施期間 ……………………………………………144
　　5．回答会社数 …………………………………………144
　　6．回答会社の概要 ……………………………………144
§2．グループの経営管理単位について
　　Q6．グループ事業の管理単位 ………………………147
　　Q7．本社内の組織 ……………………………………148
　　Q8．子会社・関連会社の経営管理分担 ……………149
　　Q9．事業の一体化の程度 ……………………………149
　　Q10．事業連結されていない会社の有無……………　149
　　Q11．事業に関連していても連結しない子会社の存在する理由…150
　　Q12．事業連結できない子会社の種類………………150
　　Q13．グループ内各組織における経営機能…………151
　　Q14．持株会社構想もしくは事業持株会社構想……151
　　Q15．法制度の活用……………………………………152
§3．グループの戦略計画・中期事業計画について
　　Q16．グループの戦略計画への子会社・関連会社への関与………152
　　Q17．戦略計画・中期事業計画の対象会社…………152
　　Q18．グループ経営について協議する会議…………153
　　Q19．中期事業計画の策定単位………………………154
　　Q20．中期事業計画の達成度の測定・評価…………154

§4．予算策定・短期利益計画について
　　Q21．本社における予算編成単位……………………………155
　　Q22．グループの予算目標……………………………………156
　　Q23．グループ利益計画書として作成されるもの…………157
　　Q24．グループ利益計画のガイドラインを示すか否か……157
§5．業績評価の体系について===
　　Q25．ガイドラインの作成方法………………………………158
　　Q26．グループ利益計画の策定方法…………………………158
　　Q27．組織業績評価について…………………………………159
　　Q28．バランスト・スコアカードの導入……………………173
　　Q29．社内金利制度の採用……………………………………173
　　Q30．事業部門の社内資本金に子会社出資金が含まれているか…173
　　Q31．子会社・関連会社からの情報収集……………………174
　　Q32．情報システムの整備状況………………………………174
　　Q33．ERPの利用状況 …………………………………………175
§6．グループ会社の設立、整理・統廃合について
　　Q34．整理、統廃合の基準の有無……………………………176
　　Q35．整理、統廃合の基準の具体例…………………………176
§7．グループのキャッシュフロー計画について
　　Q36．関係会社の資金調達可否………………………………177
　　Q37．資金調達集中管理の理由………………………………177
§8．子会社・関連会社からの利益徴収、本社費・共通費の賦課について
　　Q38．配当支払基準の有無……………………………………178
　　Q39．配当支払基準の具体例…………………………………178
　　Q40．ブランド料、経営指導料その他本社費用を徴収する基準…179
　　Q41．ブランド料、経営指導料その他本社費の徴収義務の所在…180
§9．グループの人事・労務について
　　Q42．組織業績評価の人事考課への反映……………………181

Q43．組織業績評価を人事考課に反映させている具体例…………181
　　Q44．兼任役員の本社における職位……………………………………182
§10．その他
　　Q45．連結納税制度の活用……………………………………………182
　　Q46．連結納税制度の影響……………………………………………183
　　Q47．その他のご意見…………………………………………………183

§1. 本実態調査の概要

1. 本実態調査の目的……日本管理会計学会がその発足10周年を記念して行う企業実態調査の一環として、わが国グループ企業の経営管理会計情報に関する実態を調査し、明らかにすること。
2. 本実態調査の対象……わが国のグループ企業
3. 本実態調査の方法……あらかじめ用意した質問表について、回答会社からの郵送、FAX、電子メールによる回答を受信した。
4. 実施期間………………2002年3月から2002年7月まで
5. 回答会社数……………90社（発送数1550、回答率5.8%）
6. 回答会社の概要　（問1から問3までは社名、所在地等のため掲載省略）

問4のイ　回答会社の売上高規模

売上高(単独)		売上高(グループ)	
1000億円未満	26	1000億円未満	17
1000億円～5000億円未満	8	1000億円～5000億円未満	13
5000億円～　1兆円未満	14	5000億円～　1兆円未満	13
1兆円　～　3兆円未満	23	1兆円　～　3兆円未満	23
3兆円以上～	16	3兆円以上～	23
合　　計	87(社)	合　　計	89(社)

問4のロ　海外売上高比率（単独およびグループ）

海外売上高比率（単独）		海外売上高比率（グループ）	
5% ～ 10%未満	6	5% ～ 10%未満	5
10% ～ 20%未満	11	10% ～ 20%未満	14
20% ～ 40%未満	14	20% ～ 40%未満	22
40% ～ 60%未満	5	40% ～ 60%未満	14
60% 以上	2	60% 以上	3
合　　計	63(社)	合　　計	80(社)

問4のハ　回答会社の資本金規模

資本金規模(単独)	会社数	資本金規模(グループ)	会社数
～ 100億円未満	19	～ 100億円未満	13
100億円～ 500億円未満	35	100億円～ 500億円未満	28
500億円～1000億円未満	10	500億円～ 1000億円未満	9
1000億円～3000億円未満	19	1000億円～3000億円未満	14
3000億円以上	4	3000億円以上	6
合　　計	87	合　　計	70

問4のニ　回答会社の従業員規模

従業員数	単独	グループ
1000人未満	12	15
1000人以上―2000人未満	14	20
2000人以上―5000人未満	30	15
5000人以上―1万人未満	15	15
1万人以上	16	22
計	87(社)	87(社)

問4のホ　経営管理対象となるグループの概要について

所有子会社・関連会社数			~10社	11-50	51-100	101-200	201以上	最高
子会社	連結対象	国内	29	39	8	8	3	355
		海外	47	21	8	4	5	968
		無区分			2		1	261
	非連結対象	国内	43	19	2	4	0	190
		海外	54	10	1	2	0	178
		無区分	1	1				32
関連会社	連結対象	国内	59	13	2	0	0	99
		海外	62	5	2	1	0	119
		無区分		2				22
	非連結対象	国内	49	17	1	3	0	148
		海外	56	6	2	1	0	158
		無区分	1					1

＊　無区分とあるは、国内、海外の区分のない会社で、全回答会社のうち実数で3社あった。

問5　回答会社の業種分類

業　種	会社数	業　種	会社数
1．水産・農林	0	15．電気機器	20
2．鉱業	0	16．輸送用機器	6
3．建設業	5	17．精密機器	2
4．食品	5	18．その他製造業	2
5．繊維工業	1	19．商業	8
6．紙パルプ	1	20．金融・保険	3
7．化学工業	13	21．不動産	0
8．石油・石炭製品	0	22．　陸運/海運/空運	2
9．ゴム製品	0	23．倉庫・運輸関連	0
10．窯業	2	24．通信	0
11．鉄鋼業	2	25．電力・ガス	1
12．非鉄金属	3	26．サービス	7
13．金属製品	3	27．その他	2
14．機械	2	合　　計	90(社)

§2 グループの経営管理単位について

問 6. 貴社では事業を管理する単位をどのように認識していますか。該当する項目の管理単位数（事業部の数、子会社の数など）を回答欄に記入してください。

管理単位個数 (社数又は個数)	(イ) 事業部門	(ロ) 事業部門内の事業部	(ハ) 子会社統括部門が管理する会社	(ニ) 関連会社 職能部門によって管理されている子会社	(ホ) 事業部門によって管理されている子会社	(ヘ) 事業部門内部門によって管理されている子会社	(ト) コア(中核)となる子会社	(チ) シェアードサービス子会社
5 未満	32	26	21	35	28	47	46	51
5-9	37	12	12	6	7	2	11	9
10-14	7	8	7	7	6	1	3	0
15-19	3	2	7	2	3	0	2	0
20-29	2	10	4	8	7	2	0	1
30-39		6	7	3	5	2	0	1
40-49		2	3	1	2	0	0	0
50-59		2	1	0	5	1	0	0
60-69		0	0	0	0	1	0	0
70-79		2	3	0	0	0	0	0
80-89		0	1	0	1	0	0	1
90-99	0	0	1	0	0	0	0	0
100 以上		2	6	1	7	4	2	0

《参考》この表はたとえばこのように読みます．5 未満の事業部を持つ会社は 32 社である．また事業部門内の事業部数が 5-9 の会社は 12 社である．

問6 (ハ) 関係会社を経営管理する専門部署の名称

専門部署の名称	会社数	専門部署の名称	会社数
経営企画部(室)／企画部／企画管理本部	16	関係会社部／関係会社調整部	2
グループ企業部／事業管理本部／事業本部	3	経営戦略部(室)／戦略スタッフ部門	3
関連事業部(本部/室／グループ)	11	関連事業統括部／関連企業育成本部	2
管理本部／経営管理本部(室・センター)	5	国内関連会社室／関連企業本部	2
経理部／理財部	5	事業開発推進部／事業統括部	2
コーポレート経営本部／センター・統括室	3	事業企画部／総合企画室	2
海外関連事業部／国際マーケティング本部	2	技術・経営企画室／経営政策本部	2

問7. 本社内の組織について、貴社ではどのような名称で呼ばれていますか。

組織の呼称	会社数
①事業部制	24
②事業本部制	18
③カンパニー制	13
④社内分社制	4
⑤純粋持株会社制	3
⑥機能別組織	13
⑦その他(内訳は下欄)	13
事業部門制	(1)
事業部制及び事業本部制	(1)
統括部制	(1)
部門制	(2)
本店制と商品本部制によるマトリックス組織	(1)
特になし	(1)
一部事業本部制	(1)
①③④の複合	(1)
本部制	(1)
事業部制・カンパニー制	(1)
グループ制	(1)
②と⑥	(1)
合　　計	88(社)

問8　子会社・関連会社の経営管理分担

経営管理の分担	会　社　数
①各事業部・部門が行い、本社（全社）部門は関与しない	14
②オペレーショナルコントロールを事業部・部門等が行い、マネジメントコントロールは本社（全社）部門が行う	46
③本社（全社）部門が経営管理全般を行う	20
④その他（内容は下欄）	8
・会社規模により①－③が混在	(1)
・①及び③	(1)
・事業部がマネジメントまでコントロールしているが、コーポレートが更にそれを2次的に管理している	(1)
合　計	88（社）

問9　事業の一体化の程度

事　業　内　容	回答会社数
①事業連結子会社は連結対象の事業部門の業務に特化している	32
②事業連結子会社は連結対象の事業を中心に行っているものの、その他の事業部門の仕事も手がける	30
③事業連結子会社は連結対象の事業部門以外の業務を手がけている比率が高い	1
④一体化の高い子会社と低い子会社とが混在している	11
合　計	74(社)

問10　事業連結されていない子会社の有無

事業連結の有無	会社数
①事業連結されていない子会社がある	28
②事業連結されていない子会社はない	57
合　計	85(社)

問 11　事業に関連していても連結しない子会社の存在する理由

事業連結しない理由	会社数
①複数の事業分野に関連していて特定の事業に連結できないから	5
②事業部門の管理能力が事業連結をするレベルに達していないから	3
③人事ポストと指揮命令系統上の問題から事業連結体制ができないから	2
④事業連結で管理するという概念がないから	2
⑤その他	14
合　計	26(社)

問 12　事業連結できない子会社の種類

子会社の種類	会社数
①生産系の子会社	9
②販売系の子会社	8
③技術系の子会社	6
④機能分離型の子会社全般	5
⑤独立事業系の子会社	13
⑥その他（内訳は下欄）	4
・地域戦略子会社（規模小）	(1)
・重要性により連結させるため	(1)
・顧客支援サポート事業	(1)
・子会社がスタートアップの段階にある場合	(1)
合　計	45(社)

問13　グループ内各組織における経営機能

経営機能部門＼機能部門の存在する場所	本社共通部門としてある	社内事業部門にある	事業部が管理している会社にある	コア（中核）子会社にある
経営企画部門	78	19	21	30
経営情報部門	62	19	12	19
IR部門	74	6	7	13
人事部門	77	21	36	36
製造統括部門	37	32	25	28
販売統括部門	28	41	27	32
マーケティング部	30	44	21	32
与信部門	53	21	15	27
経理部門	78	23	40	39
財務部門	78	8	27	31
経営法務部門	77	9	9	21
特許部門	66	17	7	18
監査部門	70	6	10	20
内部監査部門	70	10	10	24
研究開発部門	55	37	17	25
購買部門	56	29	32	33
物流部門	41	26	26	25
関係会社管理部門	71	26	5	15
海外事業担当部門	37	37	11	20

問14　持株会社構想もしくは事業持株会社構想

構想の状態	会社数
純粋持株会社を構想している	7
事業持株会社を構想している	14
とくに構想はない	64
すでに持株会社に移行済である	3

問 15 法制度の活用

活用の状態	株式交換	株式移転	新設分割	吸収分割	合計
既に活用した	14	3	14	14	45
活用を予定している	6	3	8	8	25
知っているが活用したことはない	66	79	63	63	271
知らない	0	0	1	1	2

§3．グループの戦略計画・中期事業計画について

問 16．グループの戦略計画への子会社・関連会社の関与

関与の状態	会社数
①関与しない	20
②コア（中核）企業だけが関与する	16
③コア以外の企業も必要に応じて関与	28
④全企業が関与する	26
合計	90(社)

問 17．貴社の子会社・関連会社のうち、戦略計画・中期事業計画の対象となっている企業は何社ありますか。（イ）連結対象、（ロ）連結非対象それぞれの社数をお答えください。

戦略計画・中期事業計画の対象会社	会社数（平均）
（イ）連結対象	65.5
（ロ）連結非対象	15.2

問18　グループ経営について協議する会議

(イ) グループ経営を協議する会議の名称

名　　称	会社数	名　　称	会社数
経営会議(委員会)／グループ会社経営会議	15	全社構革推進委員会	1
社長会／関連会社社長会	7	事業審議会／事業コミッティー	2
グループ会社社長会／グループ協議会	3	取締役会／役員会／常務会	3
グループ経営会議・委員会／予算審議	5	戦略会議／経営戦略会議	7
グループ戦略会議／グループ運営会議	3	グローバル戦略会議／国際経営会議	2
関係会社報告会／トップミーティング	2	関連会社連絡会／関連会社委員会	2
連結経営会議／経営委員会	2	予算会議／関連会社予算会議	2
海外現法責任者会議／Global Mgt.	2	総合年度計画	1

(ロ) グループ経営を協議する会議の出席者

役　職　名	会社数
会長、社長、役付役員、常務取締役、上席執行役員、取締役、監査役	40
親会社の本部長、部長、管理職	13
コーポレートの担当部署（技術・経理・経営企画・IR・広報等）	7
関係会社長、連結対象子会社CEO、コア企業社長	16
子会社・関連会社の担当部署	7

(ハ) グループ経営を協議する会議の事務局

担当部署名	会社数	担当部署名	会社数
経営企画部(室)・経営戦略室	34	本社経理部・計画財務部	3
管理部・管理本部	4	取締役会事務局	1
関連事業部・関連会社部	3	戦略スタッフ部門・事業開発推進室	5
総合企画部	1		

(ニ) グループ経営を協議する会議の設置年

設置年	会社数	設置年	会社数
1979 以前、相当古くから	4	1990～1999	24
1980～1989	4	2000～	15

このほか、開催回数を毎年―2社、年2回―2社との回答があった。

問19　中期事業計画の策定単位

策定単位	会社数
①社内カンパニー（社内分社、事業グループ、事業本部等）別連結	42
②社内カンパニー別単独	33
③事業部・部門別連結	26
④事業部・部門別単独	30
⑤上場子会社とその子会社	13
⑥企業グループ全体	44
⑦地域別連結	8
⑧その他(内訳は下欄)	4
機能別	(1)
連結対象会社すべて	(1)
一部の中核会社を擬似連結	(1)
無記入	(1)

問20　中期事業計画の達成度の測定・評価

測定・評価の状態	会社数
①測定していない	6
②測定しているが評価に結び付けていない	35
③測定し評価している	47
合　計	88(社)

§4. 予算策定・短期利益計画について

問 21　本社における予算編成単位

予　算　編　成　単　位	会社数
①社内カンパニー（社内分社・事業グループ等）別連結	39
②社内カンパニー（社内分社・事業グループ等）別単独	40
③事業部別連結	30
④事業部別単独	47
⑤上場子会社とその子会社	13
⑥地域別連結	11
⑦その他（内訳は下欄）	10
事業部と主要子会社(関連会社)	(1)
本社は事業部1部1グループという組織単位、関連会社は会社単位	(1)
子会社単位	(2)
法人単位	(1)
機能別	(1)
単体・グループで分割／単体（店舗単位）、グループ(各社単位)	(1)
グループ連結、事業会社連結、各社単体、社内事業本部	(1)
本社部門別、関係会社別、連結ベース	(1)

問 22　グループの予算目標

グループの予算目標	会社数
①連結 ROA	38
②連結 ROE	38
③連結経済的付加価値	15
④フリー・キャッシュフロー	33
⑤その他（内訳は下欄に記載）	39
ROI	(1)
経済的付加価値	(1)
P/L	(1)
R&D	(1)
受注高	(1)
シェアー	(1)
売上高・連結売上高	(12)
営業利益額・連結営業利益	(6)
経常利益・連結経常利益	(12)
税前利益・税引き後利益	(2)
利益・連結利益・当期利益・連結純利益	(11)
有利子負債	(3)
連結 EBIT	(1)
設備投資	(1)
棚卸資産	(1)
減価償却	(1)
連単倍率	(1)
株主資本比率	(1)
営業利益率	(1)
売上高営業利益率	(1)
売上高経常利益率	(2)
総資本経常利益率	(1)
CCM（Capital Cost Management）	(1)

問23 グループ利益計画として作成されるものは何ですか。次の中から該当するものすべてを選択し番号でお答えください。「その他」の場合は具体的にご記入ください。

グループ利益計画書	会社数
①損益計算書	86
②貸借対照表	58
③キャッシュ・フロー計算書	54
④資本予算書	7
⑤その他(内訳は下欄)	11
その他の内訳	
・経済的付加価値／連結経済的付加価値	(3)
・限界利益計算書	(1)
・設備計画	(3)
・人員計画	(2)
・投資計画	(1)
・業務純益計画	(1)
・PSI計画	(1)
・①-③を基本とし在庫内容・特殊費用等の付属資料	(1)

問24 グループの利益計画を作るにあたって、本社（持株会社）はガイドラインを示しますか。次のいずれかを選択し番号でお答えください。

ガイドラインの提示	会社数
① ガイドラインを示す	63
② ガイドラインを示さない	26
合　　計	89(社)

問25 問24で「はい」と回答された方について、ガイドラインはどのように作られてますか。次の中から1つを選択し番号でお答えください。

ガイドラインの作成方法	会社数
①本社（持株会社）単独で策定	29
②関係会社の意見を事前に聴取	30
③主要関係会社と合同	2
④その他(内訳は下欄)	2
・①と②	(1)
・本社で策定するが別途個社別に見直し	(1)
合　　計	63(社)

問26 グループの利益計画の策定方法について、次の（イ）～（ニ）それぞれについて、該当する場合は、回答欄に○印をご記入ください。その他の場合は具体的に（ホ）にご記入ください。

（イ）グループの利益計画は、セグメント(当社の部門とその子会社をグループとする)ごとに策定したものを集計する。

（ロ）グループの利益計画は、長期利益計画と短期利益計画の両方を策定している。

（ハ）短期利益計画のみ策定／部分的に策定し全体的には策定していない。

（ニ）グループの目標値を定めこれを各単位に割り当てる。（ホ）その他

グループ利益計画の策定方法	会社数
（イ）セグメントごとに策定	69
（ロ）長期利益計画と短期利益計画	55
（ハ）短期利益計画のみ策定／部分的策定	11
（ニ）グループの目標値を定めて各単位に割り当て	24
（ホ）その他(内訳は下欄)	4
・（イ）と（ニ）の中間	(1)
・（イ）と（ハ）の併用、長期利益計画はかなりラフ	(1)
・中期利益計画を策定	(1)
・状況に応じて中期計画を策定	(1)

§5 業績評価の体系について

問27 本社事業部門、販売・生産機能部門及びグループの子会社・関連会社の業績評価基準として何を使いますか。絶対額：A、目標達成率：O、対前期伸び率：Gとその組み合わせでお答えください。（○印はかかる区分なく回答された会社数）

		親会社(本社)内の事業							
		A	O	G	AO	AG	OG	AOG	○
財務数値	売上高	5	5	2	12	4	4	11	4
	売上総利益	1	4	1	8	1	1	7	2
	営業利益	4	5	0	12	3	1	8	3
	経常利益	10	6	0	11	3	3	8	4
	税引き前利益	3	2	1	5	1	1	6	2
	税引き後利益	7	2	0	7	3	1	7	3
	キャッシュ・フロー	8	3	0	6	2	0	3	1
	フリーキャッシュ・フロー	6	2	0	7	0	1	3	1
	使用資産利益率(ROA)	10	2	1	5	1	1	4	3
	投下資本利益率(ROI)	2	0	0	4	1	0	3	0
	株主資本利益率(ROE)	10	3	1	2	1	0	5	2
	残余利益(RI)	1	0	0	0	0	0	2	0
	経済的付加価値	3	2	0	3	3	0	2	1
非財務数値	シェアー	6	3	0	2	2	2	5	1
	生産高	2	1	0	2	1	3	3	0
	輸出高	0	2	0	1	0	2	1	0
	納税額	1	2	0	0	0	0	1	0
	配当性向	2	2	0	0	1	1	4	0
	在庫水準	4	2	0	7	0	0	7	1
	品質水準	2	2	0	3	0	1	5	1
	納期・欠品水準	1	3	0	2	0	2	3	1
	設備効率・稼働率	2	3	0	4	0	2	2	1
	顧客開拓率	0	2	0	0	0	2	2	0
	顧客収益性	0	1	0	0	0	2	2	0
	顧客満足度	1	2	0	1	2	1	2	2
	新製品数	0	3	0	0	0	1	2	1
	従業員満足度	1	2	0	0	1	1	1	1
その他	経営課題達成度		1						
	業績目標達成度		1						
	コスト削減								
	安全成績								
	業務純益					1			
	平均人員							1	
	投融資							1	
	借入金残高	1							
	予算達成度		1						
	利益改善度			1					

問27　業績評価基準の2　　(絶対額：A、目標達成率：O、対前期伸び率：Gとその組み合わせ)

		事業部門(本社内組織業績評価)							
		A	O	G	AO	AG	OG	AOG	○
財務数値	売上高	5	9	1	5	0	4	6	4
	売上総利益	2	5	0	4	0	1	4	2
	営業利益	3	6	0	6	0	3	5	4
	経常利益	7	7	0	2	0	3	4	4
	税引き前利益	1	1	0	2	0	1	3	2
	税引き後利益	2	1	0	3	0	1	2	3
	キャッシュ・フロー	1	1	0	3	0	1	2	1
	フリーキャッシュ・フロー	2	2	0	2	1	2	1	1
	使用資産利益率(ROA)	2	1	0	3	0	2	1	2
	投下資本利益率(ROI)	0	1	0	1	0	1	1	0
	株主資本利益率(ROE)	1	1	0	1	0	1	1	2
	残余利益(RI)	1	0	0	0	0	0	0	0
	経済的付加価値	0	2	0	2	0	1	2	1
非財務数値	シェアー	3	4	1	1	1	2	1	1
	生産高	3	3	0	1	0	0	0	0
	輸出高	0	0	0	1	0	0	1	0
	納税額	0	0	0	0	0	0	0	0
	配当性向	0	0	0	0	0	0	0	0
	在庫水準	3	3	0	3	0	1	1	1
	品質水準	0	4	0	3	0	1	1	1
	納期・欠品水準	0	3	0	1	0	1	1	1
	設備効率・稼働率	1	2	0	1	0	1	1	1
	顧客開拓率	0	1	0	0	0	0	1	0
	顧客収益性	0	0	0	0	0	0	0	0
	顧客満足度	3	1	0	0	0	1	2	0
	新製品数	0	2	0	0	0	0	1	0
	従業員満足度	1	1	0	0	0	0	1	0
その他	施工安全率		1						
	重点施策		1						
	経営課題達成度		1						
	業績目標達成度		1						
	平均人員							1	
	投融資							1	

問27　業績評価基準の3 (絶対額：A、目標達成率：O、対前期伸び率：Gとその組み合わせ○印はかかる区分なく回答された会社数

		販売機能部門（本社内組織業績評価）							
		A	O	G	AO	AG	OG	AOG	○
財務数値	売上高	4	9	1	7	1	3	7	4
	売上総利益	0	6	0	3	1	0	2	1
	営業利益	0	5	0	6	0	1	1	1
	経常利益	1	5	0	2	0	0	2	2
	税引き前利益	0	1	0	0	0	0	1	3
	税引き後利益	1	1	0	0	0	0	1	2
	キャッシュ・フロー	1	2	0	1	0	0	1	0
	フリーキャッシュ・フロー	1	1	0	1	0	0	0	0
	使用資産利益率（ROA）	1	1	0	0	0	0	0	1
	投下資本利益率（ROI）	0	0	0	0	0	0	0	0
	株主資本利益率（ROE）	0	0	0	0	0	0	0	0
	残余利益（RI）	1	0	0	0	0	0	0	0
	経済的付加価値	0	1	0	1	0	0	1	0
非財務数値	シェアー	2	4	0	0	2	1	3	0
	生産高	1	1	0	0	0	1	0	0
	輸出高	0	0	0	0	0	0	0	0
	納税額	0	0	0	0	0	0	0	0
	配当性向	0	0	0	0	0	0	0	0
	在庫水準	2	3	0	3	2	0	0	0
	品質水準	0	1	0	0	0	1	0	0
	納期・欠品水準	0	1	0	0	0	1	1	1
	設備効率・稼働率	0	1	0	0	0	0	0	0
	顧客開拓率	2	1	0	0	0	2	1	0
	顧客収益性	0	0	0	0	0	2	2	1
	顧客満足度	1	2	0	0	1	0	1	1
	新製品数	0	1	0	1	0	0	0	0
	従業員満足度	0	1	0	0	0	0	0	0
その他	受注高						1		
	重点施策		1						
	経営課題達成度		1						
	販促費		1						
	平均人員							1	
	投融資							1	

問27　業績評価基準の4（絶対額：A、目標達成率：O、対前期伸び率：Gとその組み合わせ）○印はかかる区分なく回答された会社数

		生産機能部門（本社内組織事業評価）							
		A	O	G	AO	AG	OG	AOG	○
財務数値	売上高	0	5	1	2	0	1	1	3
	売上総利益	0	4	0	1	0	1	2	1
	営業利益	0	3	0	2	1	0	1	2
	経常利益	0	3	0	0	1	0	1	2
	税引き前利益	0	1	0	0	0	0	1	3
	税引き後利益	0	1	0	0	0	0	1	2
	キャッシュ・フロー	1	1	0	0	0	0	0	0
	フリーキャッシュ・フロー	1	1	0	0	0	0	0	0
	使用資産利益率（ROA）	1	1	0	0	0	0	0	0
	投下資本利益率（ROI）	0	0	0	1	0	0	0	0
	株主資本利益率（ROE）	0	0	0	0	0	0	0	0
	残余利益（RI）	0	0	0	0	0	0	0	0
	経済的付加価値	0	1	0	0	0	0	1	0
非財務数値	シェアー	1	1	0	0	0	0	0	1
	生産高	5	4	0	3	1	0	3	2
	輸出高	0	0	0	0	0	0	0	0
	納税額	0	0	0	0	0	0	0	0
	配当性向	0	0	0	0	0	0	0	0
	在庫水準	3	3	0	5	1	0	3	1
	品質水準	2	6	0	3	0	1	4	0
	納期・欠品水準	0	3	0	3	0	1	3	0
	設備効率・稼働率	1	3	0	1	0	1	3	0
	顧客開拓率	1	0	0	0	0	0	0	0
	顧客収益性	0	0	0	0	0	0	0	0
	顧客満足度	1	1	0	0	1	0	0	0
	新製品数	0	1	0	1	0	0	2	0
	従業員満足度	0	1	0	0	0	0	0	0
その他	コスト低減率		1						1
	経営課題達成度		1						
	安全成績	1							
	売上原価率			1					
	平均人員							1	
	投融資							1	
	借入金残高	1							
	生産能率							1	
	原価改善			1					

付録（B） 163

問27 業績評価基準の5（絶対額：A、目標達成率：O、対前期伸び率：Gとその組み合わせ）○印はかかる区分なく回答された会社数

		共通部門（本社内組織業績評価）						
		A	O	G	AO	AG	OG	AOG	○
財務数値	売上高	0	3	1	1	0	0	0	1
	売上総利益	0	3	0	0	0	0	0	1
	営業利益	0	3	0	2	0	0	0	1
	経常利益	0	3	0	0	0	0	0	1
	税引き前利益	0	1	0	0	0	0	0	1
	税引き後利益	0	1	0	0	0	0	0	2
	キャッシュ・フロー	0	1	0	0	0	0	0	0
	フリーキャッシュ・フロ	0	0	0	0	0	0	0	0
	使用資産利益率（ROA）	0	0	0	0	0	0	0	0
	投下資本利益率（ROI）	0	0	0	0	0	0	0	1
	株主資本利益率（ROE）	0	0	0	0	0	0	0	0
	残余利益（RI）	0	0	0	0	0	0	0	0
	経済的付加価値	0	0	0	0	0	0	1	0
非財務数値	シェアー	1	1	0	0	0	0	0	0
	生産高	0	1	0	0	0	0	0	0
	輸出高	0	0	0	0	0	0	0	0
	納税額	0	0	0	0	0	0	0	0
	配当性向	1	0	0	0	0	0	0	0
	在庫水準	0	1	0	1	0	0	0	0
	品質水準	0	2	0	0	0	1	0	0
	納期・欠品水準	0	2	0	0	0	1	0	0
	設備効率・稼働率	0	1	0	0	0	1	0	1
	顧客開拓率	0	0	0	0	0	0	0	0
	顧客収益性	0	0	0	0	0	0	0	0
	顧客満足度	0	1	0	0	0	0	0	0
	新製品数	0	0	0	0	0	0	0	0
	従業員満足度	0	2	0	0	0	0	1	0
その他	目標達成度		1						
	重点施策		1						
	経営課題達成度		1						
	業績目標達成度		1						
	一般管理費		1						
	平均人員							1	
	投融資							1	

問27　業績評価基準の6（絶対額：A、目標達成率：O、対前期伸び率：Gとその組み合わせ）○印はかかる区分なく回答された会社数

		A	O	G	AO	AG	OG	AOG	○
財務数値	売上高	4	4	2	9	3	3	11	5
	売上総利益	1	2	1	6	1	0	6	2
	営業利益	5	3	0	9	2	1	7	3
	経常利益	9	5	1	10	2	2	6	6
	税引き前利益	4	1	0	4	0	0	5	2
	税引き後利益	6	1	0	6	1	1	6	3
	キャッシュ・フロー	5	1	0	4	3	0	2	1
	フリーキャッシュ・フロー	4	1	0	4	1	1	2	1
	使用資産利益率(ROA)	8	0	2	5	0	1	1	3
	投下資本利益率(ROI)	2	0	0	4	1	0	0	0
	株主資本利益率(ROE)	7	1	1	1	1	0	2	2
	残余利益(RI)	1	0	0	0	0	0	0	0
	経済的付加価値	2	0	0	2	1	0	1	0
非財務数値	シェアー	2	2	0	2	1	1	3	1
	生産高	1	1	0	2	1	0	1	0
	輸出高	0	0	0	1	0	1	0	0
	納税額	0	0	0	0	0	0	0	0
	配当性向	1	0	0	1	1	0	2	0
	在庫水準	2	1	0	5	0	0	5	1
	品質水準	1	1	0	2	0	1	3	1
	納期・欠品水準	0	2	0	1	0	2	2	1
	設備効率・稼働率	2	2	0	2	0	2	1	1
	顧客開拓率	0	1	0	0	0	1	0	0
	顧客収益性	0	0	0	0	0	1	0	0
	顧客満足度	0	1	0	0	1	0	1	2
	新製品数	0	1	0	0	0	0	1	0
	従業員満足度	0	0	0	0	1	0	0	1
その他	経営課題達成度		1						
	業績目標達成度		1						
	業務純益				1				
	平均人員							1	
	投融資							1	
	借入金残高	1							
	寄与度（CD．配当等）		1						
	外販			1					
	D/E ratio			1					

問27 業績評価基準の7（絶対額：A、目標達成率：O、対前期伸び率：Gとその組み合わせ）○印はかかる区分なく回答された会社数

		グループ企業の組織業績評価：事業会社のうちコア（中核）会社							
		A	O	G	AO	AG	OG	AOG	○
財務数値	売上高	4	8	1	5	2	6	8	4
	売上総利益	2	2	0	3	1	1	5	2
	営業利益	4	5	0	7	2	3	6	4
	経常利益	8	6	0	6	2	3	6	4
	税引き前利益	4	3	0	2	0	0	3	2
	税引き後利益	3	2	0	4	1	1	7	3
	キャッシュ・フロー	4	3	0	2	1	0	2	1
	フリーキャッシュ・フロー	7	3	0	3	0	1	0	1
	使用資産利益率(ROA)	6	2	1	3	0	1	1	1
	投下資本利益率（ROI)	1	0	0	3	1	0	0	0
	株主資本利益率（ROE)	3	2	1	1	1	0	2	2
	残余利益（RI)	1	0	0	0	0	0	0	0
	経済的付加価値	0	0	0	2	1	1	1	1
非財務数値	シェアー	1	2	0	2	0	0	3	0
	生産高	2	1	0	2	0	0	1	0
	輸出高	0	1	0	1	0	0	0	0
	納税額	0	1	0	0	0	0	0	0
	配当性向	2	1	0	1	0	0	1	1
	在庫水準	3	2	0	3	0	0	3	1
	品質水準	1	4	0	2	0	1	2	1
	納期・欠品水準	0	2	0	1	0	2	2	1
	設備効率・稼働率	1	2	0	2	0	2	1	1
	顧客開拓率	0	2	0	0	0	1	0	0
	顧客収益性	0	1	0	0	0	1	0	0
	顧客満足度	2	4	0	0	1	0	0	0
	新製品数	0	2	0	0	0	0	1	0
	従業員満足度	0	1	0	0	0	0	0	0
その他	経営課題達成度		1						
	業務純益				1				
	環境問題への取り組み		1						
	平均人員							1	
	投融資							1	
	借入金残高	1							

問27　業績評価基準の8（絶対額：A、目標達成率：O、対前期伸び率：Gとその組み合わせ）〇印はかかる区分なく回答された会社数

		グループ企業の組織業績評価：事業会社のうちノンコア会社							
		A	O	G	AO	AG	OG	AOG	〇
財務数値	売上高	4	7	1	2	2	1	6	4
	売上総利益	1	2	0	1	0	1	2	2
	営業利益	3	3	0	4	1	0	3	4
	経常利益	6	5	0	3	2	2	2	4
	税引き前利益	3	4	0	1	0	0	1	2
	税引き後利益	2	3	0	2	1	0	5	3
	キャッシュ・フロー	2	2	0	1	0	0	1	1
	フリーキャッシュ・フロー	3	4	0	1	0	1	0	1
	使用資産利益率(ROA)	5	2	1	1	0	1	0	1
	投下資本利益率(ROI)	0	0	0	1	0	0	0	0
	株主資本利益率(ROE)	2	1	1	1	0	0	0	2
	残余利益(RI)	0	0	0	0	0	0	0	0
	経済的付加価値	0	1	0	1	1	0	1	1
非財務数値	シェアー	1	0	0	1	0	0	1	1
	生産高	1	0	0	1	0	0	1	0
	輸出高	0	0	0	1	0	0	0	0
	納税額	0	0	0	0	0	0	0	0
	配当性向	1	0	0	1	0	0	0	0
	在庫水準	1	1	0	0	0	0	1	1
	品質水準	1	1	0	0	0	0	0	1
	納期・欠品水準	0	1	0	0	0	0	1	1
	設備効率・稼働率	0	1	0	0	0	0	1	1
	顧客開拓率	0	1	0	0	0	0	0	0
	顧客収益性	0	0	0	0	0	0	0	0
	顧客満足度	1	1	0	0	0	0	0	1
	新製品数	0	1	0	0	0	0	1	0
	従業員満足度	0	0	0	0	0	0	0	0
その他	経営課題達成度		1						
	業務純益					1			
	平均人員							1	
	投融資							1	
	借入金残高	1							

問27 業績評価基準の9（絶対額：A、目標達成率：O、対前期伸び率：Gとその組み合わせ）○印はかかる区分なく回答された会社数

		グループ企業の組織業績評価：機能子会社のうち販売子会社							
		A	O	G	AO	AG	OG	AOG	○
財務数値	売上高	5	6	1	5	1	5	6	1
	売上総利益	2	1	0	2	1	1	3	0
	営業利益	3	2	0	6	0	2	4	1
	経常利益	7	2	0	4	0	1	3	1
	税引き前利益	4	2	0	1	1	1	2	1
	税引き後利益	3	1	0	2	0	0	4	2
	キャッシュ・フロー	3	3	0	1	0	0	2	1
	フリーキャッシュ・フロー	4	2	0	1	0	0	0	0
	使用資産利益率(ROA)	5	2	0	2	0	0	1	1
	投下資本利益率 (ROI)	0	0	0	0	0	0	1	0
	株主資本利益率 (ROE)	1	1	0	0	0	0	1	1
	残余利益 (RI)	0	0	0	0	0	0	0	0
	経済的付加価値	0	0	0	0	1	0	2	1
非財務数値	シェアー	2	1	0	2	2	1	1	1
	生産高	1	0	0	0	0	1	1	0
	輸出高	0	0	0	0	0	1	0	0
	納税額	0	0	0	0	0	0	0	0
	配当性向	1	0	0	1	1	0	0	1
	在庫水準	2	3	0	1	1	0	2	1
	品質水準	0	0	0	0	0	1	1	1
	納期・欠品水準	0	0	0	0	0	2	1	1
	設備効率・稼働率	0	0	0	0	0	0	1	1
	顧客開拓率	1	0	0	0	0	1	0	0
	顧客収益性	0	0	0	0	0	1	0	0
	顧客満足度	1	1	0	0	2	0	0	0
	新製品数	0	0	0	0	0	0	1	0
	従業員満足度	0	0	0	0	0	0	0	0
その他	経営課題達成度		1						
	業績目標達成度		1						
	販促費		1						
	平均人員							1	
	投融資							1	
	借入金残高	1							

問27　業績評価基準の１０（絶対額：Ａ、目標達成率：Ｏ、対前期伸び率：Ｇとその組み合わせ）〇印はかかる区分なく回答された会社数

		グループ企業の組織業績評価：機能子会社のうち生産子会社							
		A	O	G	AO	AG	OG	AOG	〇
財務数値	売上高	3	5	1	1	0	3	6	1
	売上総利益	1	1	0	0	0	2	4	0
	営業利益	2	3	0	4	1	0	4	1
	経常利益	6	2	0	2	1	1	4	1
	税引き前利益	4	2	0	0	1	0	3	1
	税引き後利益	3	1	0	1	0	0	5	2
	キャッシュ・フロー	4	2	0	0	0	0	1	1
	フリーキャッシュ・フロー	5	2	0	0	0	0	1	1
	使用資産利益率(ROA)	5	2	0	1	0	0	2	1
	投下資本利益率（ROI）	0	0	0	2	0	1	1	0
	株主資本利益率（ROE）	1	1	0	0	0	1	2	1
	残余利益（RI）	1	0	0	0	0	0	0	0
	経済的付加価値	0	0	0	0	1	0	2	1
非財務数値	シェアー	1	0	0	0	1	1	2	1
	生産高	3	0	0	0	1	1	1	0
	輸出高	0	0	0	0	0	0	0	0
	納税額	0	0	0	0	0	0	0	0
	配当性向	0	0	0	1	0	0	1	1
	在庫水準	1	1	0	2	1	0	3	1
	品質水準	1	2	0	3	1	1	2	1
	納期・欠品水準	0	0	0	1	1	2	2	1
	設備効率・稼働率	2	0	0	1	0	2	2	1
	顧客開拓率	0	0	0	0	0	0	0	0
	顧客収益性	0	0	0	0	0	0	0	0
	顧客満足度	0	1	0	0	0	0	0	0
	新製品数	0	0	0	0	0	0	1	0
	従業員満足度	0	0	0	0	0	0	0	0
その他	コスト低減率			1					
	生産性			1					
	経営課題達成度		1						
	コスト削減				1				
	業績目標達成度		1						
	売上原価率			1					
	原価改善				1				
	平均人員							1	
	投融資							1	
	借入金残高	1							

問27 業績評価基準の11（絶対額：A、目標達成率：O、対前期伸び率：Gとその組み合わせ）○印はかかる区分なく回答された会社数

		グループ企業の組織業績評価：機能子会社のうち用役子会社							
		A	O	G	AO	AG	OG	AOG	○
財務数値	売上高	1	4	1	1	0	0	3	1
	売上総利益	1	0	0	1	0	0	2	0
	営業利益	1	2	0	4	0	0	2	1
	経常利益	5	2	0	2	0	0	1	1
	税引き前利益	3	2	0	1	0	0	1	0
	税引き後利益	1	1	0	1	0	0	2	2
	キャッシュ・フロー	2	1	0	1	0	0	0	1
	フリーキャッシュ・フロー	1	1	0	0	0	0	0	1
	使用資産利益率(ROA)	1	1	1	0	0	0	0	1
	投下資本利益率（ROI）	0	0	0	0	0	0	0	0
	株主資本利益率（ROE）	0	1	1	0	0	0	0	1
	残余利益（RI）	0	0	0	0	0	1	0	0
	経済的付加価値	0	0	0	0	1	0	1	1
非財務数値	シェアー	1	0	0	0	0	0	1	0
	生産高	1	0	0	0	0	0	1	0
	輸出高	0	0	0	0	0	0	0	0
	納税額	0	0	0	0	0	0	0	0
	配当性向	0	0	0	0	1	0	0	1
	在庫水準	0	0	0	0	0	0	1	1
	品質水準	0	0	0	0	0	0	0	0
	納期・欠品水準	0	0	0	0	0	0	1	1
	設備効率・稼働率	0	0	0	0	0	0	1	1
	顧客開拓率	0	0	0	0	0	0	0	0
	顧客収益性	0	0	0	0	0	0	0	0
	顧客満足度	0	1	0	0	0	0	0	0
	新製品数	0	0	0	0	0	0	1	0
	従業員満足度	0	0	0	0	0	1	0	0
その他	経営課題達成度		1						
	コスト削減					1			
	平均人員							1	
	投融資							1	

問27 業績評価基準の12（絶対額：A、目標達成率：O、対前期伸び率：Gとその組み合わせ）〇印はかかる区分なく回答された会社数

<table>
<tr><th colspan="2"></th><th colspan="8">グループ企業の組織業績評価：機能子会社のうち金融子会社</th></tr>
<tr><th colspan="2"></th><th>A</th><th>O</th><th>G</th><th>AO</th><th>AG</th><th>OG</th><th>AOG</th><th>〇</th></tr>
<tr><td rowspan="14">財務数値</td><td>売上高</td><td>2</td><td>3</td><td>1</td><td>0</td><td>0</td><td>0</td><td>1</td><td>0</td></tr>
<tr><td>売上総利益</td><td>1</td><td>0</td><td>0</td><td>0</td><td>0</td><td>0</td><td>0</td><td>0</td></tr>
<tr><td>営業利益</td><td>1</td><td>1</td><td>0</td><td>0</td><td>0</td><td>0</td><td>1</td><td>0</td></tr>
<tr><td>経常利益</td><td>2</td><td>0</td><td>0</td><td>1</td><td>0</td><td>0</td><td>0</td><td>0</td></tr>
<tr><td>税引き前利益</td><td>1</td><td>1</td><td>0</td><td>0</td><td>0</td><td>0</td><td>0</td><td>0</td></tr>
<tr><td>税引き後利益</td><td>2</td><td>0</td><td>0</td><td>0</td><td>0</td><td>0</td><td>1</td><td>1</td></tr>
<tr><td>キャッシュ・フロー</td><td>1</td><td>1</td><td>0</td><td>0</td><td>0</td><td>0</td><td>0</td><td>0</td></tr>
<tr><td>フリーキャッシュ・フロー</td><td>0</td><td>1</td><td>0</td><td>0</td><td>0</td><td>0</td><td>0</td><td>0</td></tr>
<tr><td>使用資産利益率(ROA)</td><td>1</td><td>1</td><td>0</td><td>0</td><td>0</td><td>0</td><td>0</td><td>0</td></tr>
<tr><td>投下資本利益率（ROI）</td><td>0</td><td>0</td><td>0</td><td>0</td><td>0</td><td>0</td><td>0</td><td>0</td></tr>
<tr><td>株主資本利益率（ROE）</td><td>0</td><td>0</td><td>0</td><td>0</td><td>0</td><td>0</td><td>0</td><td>0</td></tr>
<tr><td>残余利益（RI）</td><td>0</td><td>0</td><td>0</td><td>0</td><td>0</td><td>0</td><td>0</td><td>0</td></tr>
<tr><td>経済的付加価値</td><td>0</td><td>0</td><td>0</td><td>1</td><td>1</td><td>0</td><td>1</td><td>0</td></tr>
<tr><td></td><td></td><td></td><td></td><td></td><td></td><td></td><td></td><td></td></tr>
<tr><td rowspan="14">非財務数値</td><td>シェアー</td><td>1</td><td>0</td><td>0</td><td>0</td><td>0</td><td>0</td><td>0</td><td>0</td></tr>
<tr><td>生産高</td><td>2</td><td>0</td><td>0</td><td>0</td><td>0</td><td>0</td><td>0</td><td>0</td></tr>
<tr><td>輸出高</td><td>0</td><td>0</td><td>0</td><td>0</td><td>0</td><td>0</td><td>0</td><td>0</td></tr>
<tr><td>納税額</td><td>0</td><td>0</td><td>0</td><td>0</td><td>0</td><td>0</td><td>0</td><td>0</td></tr>
<tr><td>配当性向</td><td>0</td><td>0</td><td>0</td><td>1</td><td>0</td><td>0</td><td>0</td><td>0</td></tr>
<tr><td>在庫水準</td><td>0</td><td>0</td><td>0</td><td>0</td><td>0</td><td>0</td><td>0</td><td>0</td></tr>
<tr><td>品質水準</td><td>0</td><td>0</td><td>0</td><td>0</td><td>0</td><td>0</td><td>0</td><td>0</td></tr>
<tr><td>納期・欠品水準</td><td>0</td><td>0</td><td>0</td><td>0</td><td>0</td><td>0</td><td>0</td><td>0</td></tr>
<tr><td>設備効率・稼働率</td><td>0</td><td>0</td><td>0</td><td>0</td><td>0</td><td>0</td><td>0</td><td>0</td></tr>
<tr><td>顧客開拓率</td><td>0</td><td>0</td><td>0</td><td>0</td><td>0</td><td>0</td><td>0</td><td>0</td></tr>
<tr><td>顧客収益性</td><td>0</td><td>0</td><td>0</td><td>0</td><td>0</td><td>0</td><td>0</td><td>0</td></tr>
<tr><td>顧客満足度</td><td>0</td><td>0</td><td>0</td><td>0</td><td>0</td><td>0</td><td>0</td><td>0</td></tr>
<tr><td>新製品数</td><td>0</td><td>0</td><td>0</td><td>0</td><td>0</td><td>0</td><td>0</td><td>0</td></tr>
<tr><td>従業員満足度</td><td>0</td><td>0</td><td>0</td><td>0</td><td>0</td><td>0</td><td>0</td><td>0</td></tr>
<tr><td rowspan="4">その他</td><td>経営課題達成度</td><td></td><td>1</td><td></td><td></td><td></td><td></td><td></td><td></td></tr>
<tr><td>業績目標達成度</td><td></td><td>1</td><td></td><td></td><td></td><td></td><td></td><td></td></tr>
<tr><td>平均人員</td><td></td><td></td><td></td><td></td><td></td><td></td><td>1</td><td></td></tr>
<tr><td>投融資</td><td></td><td></td><td></td><td></td><td></td><td></td><td>1</td><td></td></tr>
</table>

問27　業績評価基準の13（絶対額：A、目標達成率：O、対前期伸び率：Gとその組み合わせ）〇印はかかる区分なく回答された会社数

		グループ企業の組織業績評価：海外子会社							
		A	O	G	AO	AG	OG	AOG	〇
財務数値	売上高	3	6	0	2	1	5	8	3
	売上総利益	1	1	0	1	0	1	5	2
	営業利益	2	3	0	4	2	2	6	3
	経常利益	5	4	0	3	2	1	5	4
	税引き前利益	3	3	0	1	1	1	4	2
	税引き後利益	1	2	0	2	1	0	6	3
	キャッシュ・フロー	3	0	0	2	1	0	1	1
	フリーキャッシュ・フロー	4	3	0	2	0	1	1	1
	使用資産利益率(ROA)	4	1	1	1	0	1	2	2
	投下資本利益率（ROI）	0	0	0	2	0	1	1	0
	株主資本利益率（ROE）	2	0	1	1	0	1	2	1
	残余利益（RI）	1	0	0	0	0	0	0	0
	経済的付加価値	0	0	0	1	1	0	1	1
非財務数値	シェアー	2	1	0	1	0	1	2	1
	生産高	1	0	0	1	0	1	1	0
	輸出高	0	0	0	1	0	1	0	0
	納税額	0	0	0	0	0	0	0	0
	配当性向	0	0	0	1	1	0	1	1
	在庫水準	1	3	0	3	0	0	2	1
	品質水準	1	1	0	1	0	0	1	1
	納期・欠品水準	0	0	0	0	0	0	2	1
	設備効率・稼働率	0	0	0	1	0	0	0	0
	顧客開拓率	0	0	0	0	0	1	0	0
	顧客収益性	0	0	0	0	0	1	0	0
	顧客満足度	0	1	0	0	0	0	0	1
	新製品数	0	0	0	0	0	0	1	1
	従業員満足度	0	0	0	0	0	0	0	0
その他	経営課題達成度		1						
	コスト削減				1				
	業績目標達成度		1						
	原価改善				1				
	業務収益				1				
	平均人員							1	
	投融資							1	
	借入金残高	1							

問27　業績評価基準の14（絶対額：A、目標達成率：O、対前期伸び率：Gとその組み合わせ）○印はかかる区分なく回答された会社数

		グループ企業の組織業績評価：海外子会社統括会							
		A	O	G	AO	AG	OG	AOG	○
財務数値	売上高	2	3	0	0	1	0	4	1
	売上総利益	0	0	0	0	0	0	3	0
	営業利益	0	1	0	3	1	0	3	1
	経常利益	3	1	0	1	0	1	2	1
	税引き前利益	3	0	0	0	2	0	2	0
	税引き後利益	1	0	0	0	1	0	3	2
	キャッシュ・フロー	2	0	0	0	0	0	1	1
	フリーキャッシュ・フロー	1	1	0	0	0	1	1	1
	使用資産利益率(ROA)	3	0	0	0	0	1	1	1
	投下資本利益率（ROI）	0	0	0	0	0	0	1	0
	株主資本利益率（ROE）	1	0	0	0	0	0	1	1
	残余利益（RI）	1	0	0	0	0	0	0	0
	経済的付加価値	0	0	0	0	2	0	1	0
非財務数値	シェアー	1	0	0	0	1	0	0	1
	生産高	1	0	0	0	0	0	0	0
	輸出高	0	0	0	0	0	0	0	0
	納税額	0	0	0	0	0	0	0	0
	配当性向	0	0	0	1	0	0	0	0
	在庫水準	1	0	0	0	0	0	0	1
	品質水準	1	0	0	1	0	0	0	1
	納期・欠品水準	0	0	0	0	0	0	0	0
	設備効率・稼働率	1	0	0	0	0	0	0	0
	顧客開拓率	0	0	0	0	0	0	0	0
	顧客収益性	0	0	0	0	0	0	0	0
	顧客満足度	0	0	0	0	0	0	0	0
	新製品数	0	0	0	0	0	0	0	0
	従業員満足度	0	0	0	0	0	0	0	0
その他	経営課題達成度		1						
	コスト削減					1			
	原価改善					1			

問 28　貴社では社内部門や子会社・関連会社の業績管理にバランスト・スコアカードを導入していますか。

バランスト・スコアカードの導入	会社数
①社内部門だけに適用	3
②子会社・関連会社だけに適用	0
③社内、子会社・関連会社ともに適用	6
④適用せず	77
合　計	86(社)

問 29　社内金利制度を採用していますか。次のいずれかを選択し番号でお答えください。

社内金利制度の採用	会社数
①　採用している	58
②　採用していない	31
合　計	89(社)

問 30　本社内の事業部(門)について社内資本金制度を採用されている場合、事業部(門)の社内資本金には子会社出資金が含まれていますか？　次のいずれかを選択し番号でお答えください。
＊社内資本金制度を採用されていない場合は空欄で結構です。

事業部(門)の社内資本金に子会社出資金が含まれているか	会社数
①　含まれている	14
②　含まれていない	20
合　計	34(社)

問31　子会社・関連会社からの情報は円滑に収集できる状況にありますか。次の中から1つを選択し番号でお答えください。

子会社・関連会社からの情報収集	会社数
①月次連結決算を滞りなくできている	32
②月次決算では一部子会社・関連会社の情報収集が遅れる	49
③年度決算においても、一部子会社・関連会社の情報収集	6
合　計	87(社)

問32　連結決算、グループ内の情報交換等を円滑に行うために、情報システム基盤が整備されていますか。次の中から該当するもの1つを選択し番号でお答えください。

情報システムの整備状況	会社数
①連結対象企業には整備されている	58
②戦略計画・中期事業計画対象企業には整備されている	10
③その他(内訳は下掲)	18
・システム構築中・整備中・または整備に着手した	(7)
・整備検討中	(1)
・海外企業の整備は遅れている	(1)
・販売システムが本社と同形態の国内関係会社のみ整備されている	(1)
・電子メールは整備。ERPパッケージソフトの導入を検討中	(1)
・一部例外あり	(1)
・整備されていない	(1)
・必要な対象企業に整備	(1)
・インフラは情報連絡用の簡易ネットだけ	(1)
・記載なし	(3)
合　計	85(社)

問33 ERP(Enterprise Resource Planning)パッケージソフトを導入されている場合、どのような機能を利用していますか。次の中から該当するもの全てを選択し番号でお答えください。その他の場合は具体的にご記入ください。

利用しているERPの機能	会社数
①財務会計	31
②管理会計	20
③連結決算	30
④生産管理	13
⑤物流管理	11
⑥営業管理	13
⑦品質管理	4
⑧バランスト・スコアカード	0
⑨ABC（活動基準原価計算）	0
⑩その他(内訳は下欄)	9
・人事管理	(1)
・資金管理	(1)
・購買管理	(1)
・検討中	(1)
・自社開発	(3)
・一部の事業部に限定	(1)
・導入していない	(2)

§6 グループ会社の設立、整理・統廃合について

問34 業績評価に基づく整理・統廃合基準を設けていますか。次のいずれかを選択し番号でお答えください。

整理・統廃合の基準	会社数
① 設けている	18
② 設けていない	69
合計	87(社)

問35 問34で「はい」と答えられた方について、具体的な基準について記入してください。

整理・統廃合の基準	会社数
・3年連続して経済的付加価値が赤字	1
・3年連続赤字（但し新規事業を除く）	1
・事業改善計画より、投資効率が30%、キャッシュフローが25%	1
・ROAが2年間マイナス、営業キャッシュフローがマイナス、	1
・①3年連続EVA赤字計上②今後EVAの改善が見込めない、③	1
・2期連続赤字	1
・経済的付加価値が4半期連続マイナス値悪化の場合選択事業	1
・3期連続赤字は整理対象	1
・投資後3期までに単年度黒字を達成していない場合は撤退の	1
・新設会社の業績、債務超過等の業績不振会社については、毎	1
・①3年連続赤字：2年以内に黒字転換不可能の場合、②債務超過：3	
・3年連続赤字、債務超過、EVA赤字	1
・公表ベース債務超過かつ今後3年間で解消できず、合理化の	
・原則、新規事業の場合、3年で単年度黒字、5年で累積損解消	1

§7 グループのキャッシュ・フロー計画について

問 36 関係会社各社は個別に外部から資金調達できますか。

資金調達の可否	会社数
①集中管理しているので不可	33
②個別管理しているので可能	55
合　　計	88(社)

問 37 問 36 で①と回答された方について、集中管理する目的は何ですか。

資金調達集中管理の目的	会社数
①金利の低減	26
②経営管理	22
③内部監査上のチェック	8
④その他(内訳は下欄)	4
・個別に行う必要がない	(1)
・リスクを集中化	(1)
・資金の効率化	(1)
・金利の低減と経営管理	(1)
合　　計	60(社)

§8 子会社・関連会社からの利益徴収、本社費・共通費の賦課について

問38. 子会社・関連会社から自社に対する配当支払に基準を設けていますか。次のいずれかを選択して番号でお答えください。

配当支払基準の有無	会社数
① 設けている	26
② 設けていない	59
合　計	85(社)

問39　問38で「はい」と回答された方について、配当支払基準についてお答えください。

配　当　支　払　基　準	会社数
・当期利益の1/2（又は税引前利益の1/4）で、資本金・資本準備金の	1
・配当率10%、但し見直しを検討中	1
・資本金の10%、配当性向100%以内	1
・配当性向33%	1
・配当性向30%–50%	1
・配当性向35–50%	1
・配当性向30%	2
・配当性向50%	5
・対資本金比率と、対利益の率（配当性向）で基準を定め、いずれか少	1
・資本が総資産の30%を超え、有利子負債が資本の2倍以下の場合は、	
・配当率12%又は配当性向50%を最低ラインとし、配当性向が50%を超	1
・各事業ごとの資本コストから利益準備金積立額、役員賞与などの調整	1
・資金余剰の会社からは余剰を全額配当として吸収	1
・株主資本コスト相当額	1
・販売の伸び・収益性に応じて配当性向率を設定している	1
・その他（不明確な回答）	3
合　計	23(社)

問 40　ブランド料、経営指導料、その他本社費用を徴収されていますか。該当する項目があれば、徴収基準に〇印（複数回答可）を記入してください。その他については具体的にご記入ください。

対象費用等 ＼ 計算基準	売上高基準	粗利益基準	経常利益基準	市価基準	活動基準で配賦	その他
商標（ブランド）使用料	14	1	0	1	4	0
経営指導料	6	1	3	2	6	1：営業収益・総資産・従業員数でランク 2：（ケースバイケース、今後検討）
経理、財務、総務部門費用	2	0	0	2	13	0
情報システム費用	3	0	0	1	29	2：業務委託料として
研究開発費用	2	1	1	1	15	3：対象テーマを契約で特定・現地不可価値基準・売上高数比例
その他(内訳は下欄)	8	1	0	1	5	
・宣伝費・広報業務委託料	1				2	
・技術援助費	1					
・技術指導料	1				1	
・賃貸料					1	
・技術使用料	1					
・製造ロイヤリティー	1					
・ロイヤリティー	2					
・工場内共益費					1	
・専門コンサルティングサービス		1				
・不動産賃借料				1		
・法務人事全社共通部門費用	1					

問 41　事業部門との連結対象もしくは管理対象となっている子会社・関連会社に対するブランド料、経営指導料その他本社費用の徴収について、徴収責任は該当事業部門の責任となっていますか。

当該事業部門の責任となっているか否か	会社数
①　なっている	24
②　なっていない	31
合　計	55(社)

§9　グループの人事労務について

問42　子会社・関連会社長の考課について、組織業績評価の結果を人事考課に反映させていますか。

組織業績評価の結果の反映	会社数
① 反映させている	50
② 反映させていない	31
合　計	81（社）

問43　問42で「はい」と回答された方について、業績評価結果は人事考課にどのように反映させていますか。
　　　　具体的にご記入ください。

組織業績評価を子会社・関連会社長の人事考課に反映させている具体的状況	会社数
・年俸・報酬・昇給・賞与等に反映	18
・昇降格に反映	3
・業績連動型の給与体系である、業績給与に反映	1
・職能給および賞与に反映	1
・手当てに反映	1
・会社の機能により個別に対応している	1
・人事評価制度の年度目標に設定することで連動	1
・個別業績評価＋目標達成度	1
・ボーナス、長期インセンティブプランに反映	1
・責任事業業績と連結業績の双方を業績給に反映	1
・事業連結の結果、①当期利益②FCFを評価の対象。実施業績の達成度も加味	1
・事業規模・損益等に応じて報酬テーブルを分けて格差を設けている	1
・責任利益など財務指標を含む年度目標に対し総合的に評価	1
・次年度の業績給与部分に反映	1
業績評価に基づき総合評価を行っている	1
・具体的な基準は設けていない	2
・不明、非公開、NA	16
合　計（延べ）	52（社）

問44　中核的な子会社・関連会社の役員について、本社の社員、役員が兼任している場合、どのような職位の方が兼任されていますか。

兼任役員の本社における職位	会社数
① 事業部長、社内分社長	49
② 平取締役	63
③ 役付（専務・常務）取締役	57
④ 副社長	21
⑤ 社長	27
⑥ 会長	13
⑦ 監査役	15
⑧ その他（具体例は下欄）	18
・部・課長（参与）クラス	(7)
・執行役員	(5)
・常務執行役員	(1)
・管理部長	(2)
・幹部社員	(1)
・関係会社統括部門社員	(1)
・営業統括部門社員	(1)
・会社ごと（規模等）に異なる	(2)
・役付取締役（兼任はない）	(1)

§10　その他

問45　連結納税制度が導入された場合の活用を検討されていますか。

連結納税制度の活用	会社数
① 検討している	54
② 検討していない	33
合　　計	87(社)

問46 連結納税制度が導入された場合、グループ経営組織に関して、貴社にどのような影響があるとお考えですか。次の中から該当するもの1つを選択し番号でお答えください。

連結納税制度の影響	会社数
① 純粋持株会社に移行する	4
② 分社化が促進される	15
③ とくに影響はない	54
④ その他（詳細は下欄）	6
・検討中	(2)
・分社化や子会社の完全子会社化が促進	(1)
・純粋持株会社への移行が促進される	(1)
・制度の全容を未理解。付加税など具体的に見えれば①②に影響	(1)
合　　計	79(社)

問47 その他、問題点・課題・要望等　（◎印が回答会社の区切りです）
◎・グループ会社管理手法の確立：
　　　＊グループ会社の求心力と自立のバランスをどうとるか、
　　　＊グループ会社のパフォーマンスをどう評価するか。
　・本社のグループ戦略費用に対応するブランド使用料（もしくは経営指導料）の徴収。
◎経理面では、グループ内で統一のERPが必要
◎連結納税制度における連結付加税の廃止を望みます。
◎今後のグループ戦略展開の為には連結納税制度が大きな役割を果たすと考えられる。税収の確保という観点から制度内容を曲げることなく，グローバ

ルスタンダードの観点で制度を構築し、企業の国際的競争力を確保してほしい。

◎1 連結経営の充実
　　①グローバルネットワークシステムの構築による経営指標の早期把握，
　　②連単倍率の向上
　2 経営品質向上を目指した業務革新の推進
　　①ＢＰＲ視点の「プロセス最適」
　　②ＳＣＭ視点の「全体最適」（1次社内ＳＣＭ，2次企業間ＳＣＭ）
　3 勝ち残れる業務再編
　　①同業他社とのアライアンス，
　　②子会社の再編

◎当社では事業ごとに事業部と関係会社を組み合わせてドメイン制と称していますが，ドメイン内でのそれぞれの役割（生産／販売／生産販売）やサイズがまちまちで，統一的なコントロールが出来ない状態です。また，本社マネジメントとドメインとの権限・責任が曖昧になっており，経営と執行が未分化です。グループの大きさに比して業種が多岐にわたり，それぞれが単独会社としては成り立たない状況では，完全持株会社への移行も不可能です。

◎関連会社の業績目標（ハードルレート）の設置を検討しています。しかし，従来型の経営に馴染んだ風土では，資本コストやＥＶＡ，分社化経営の必要性などを理解していただくことが難しい状況にあります。特に，当社のような未上場企業では，株主からの圧力もそれほど大きくなく，現状維持でも短期的には悪影響がありません。将来を見据え，新しい経営の潮流を起こしたいと思っているのですが，重装備の組織では難しい状況にあります。

◎01 アクションプラン
　当社は2001年度から2003年度を対象とした中期経営計画に基づき，

本格的なITネットワーク時代におけるグローバルコンペティターとなるべく事業改革を推進しております。いかなる経営環境下においても安定的かつ継続的な成長が実現できる体質をもった複合電機企業に変身するスピードをより一層加速するため、「O1アクションプラン」を2001年8月に策定し、実行を開始しました。これは現在の中期経営計画の達成に向けた諸施策の中でも、特に「競争力強化」・「軽量化経営」および「コーポレートイニシアチブの発揮」の3点に関して、さらに改革を加速化させるものです。当プランの目標達成のために取り組んでいる各種施策を随時紹介してまいります。

　2001年8月発表のプランの概要
　1 競争力強化の施策　グループの新しい枠組み、勝ちパターンの事業モデル-自前主義からの脱却、TVCによる事業再編
　2 軽量化経営の実現　国内生産拠点の再編・機能強化、グループ人員の削減、アセットライト化の実現
　3 コーポレートイニシアチブの発揮　小さな戦略本社の実現、調達コストの削減、Net-Ready推進体制の強化、ブランド価値の再創造、MI2001運動による経営品質の向上

◎マネジメント・システム論、組織論は、経営陣の間ではあまり盛り上がりません。「要は、利益体質」「商品」「人」…となりがちで、それはそれで正しいものですから。「形だけ変えて、魂が入っていないのは一番ダメ」ということもよくいわれ、ある意味、健全だとは思います。そういう論調の中で、いかに事業や業務の継続的な革新を進めるか、それが常に課題です。
◎1 当社の経営計画については経営企画部門が、予算は経理部が主に管轄しているが、相互に協力関係にある。関係会社を含む四半期毎のチェックとフォローについては経営企画部門が担当している。経営計画と予算の策定時には、本社経営企画部門と経理部が数値目標を配賦する前提として、各部門と各関係会社に対して査定と調整を実施している。

2 業績評価会計が重要性を高める中で、3か年計画において連結ベースの数値目標を設定している。(連結当期利益、連結有利子負債残高、連結ROE、連単倍率)

3 管理単位については、部門別(営業本部、部単位)、関係会社別、施設別、物件別とし、部門別と関係会社別については、経営企画部門がヒアリングを通じて四半期毎にチェックとフォローを実施している。

4 関係会社については、3か年計画と予算策定時に本社経営企画部門から責任利益と有利子負債残高の目標数値を配賦して、四半期毎に管理している。

5 関係会社については、財務数値を中心に鉄道沿線での事業展開などのエリア戦略を考慮しつつ、4段階に格付けを実施し、格付けが低位の会社については、売却、清算、再編等を平成16年度末までに実施するとしている。その財務上の引当金処理については平成13年度に終了している。

6 単体ベースの撤退基準については、施設別、物件別に管理し、営業段階での赤字を撤退基準にしている。

7 四半期毎のチェックとフォローにあわせて、測定と評価を確実にするために、中間決算終了時には予算決算分析会議を、年度末には業績評価常務会を実施し、社内的にオーソライズするように提案している。

◎①連結付加税はやめるべき。

②組織再編に伴う税制をわかり易く、かつ商法とあわせてほしい。

③人事の流動化

◎課題1．グループガバナンス機能の強化、
　　　　　1) 意思決定システム(権限委譲とコーポレート管理)
　　　　　2) 実践的なグループ企業評価システムの導入、
　　　2．グループ経営人材の育成(コーポレートと現地マネジャー)、
　　　3．グループ内でのミッションと価値の共有化、
　　　4．シェアードサービスの促進、

5．月次連結の早期化、
　要望1．全世界レベルでの連結納税制度、
　　2．国際会計制度のより一層の統一、
　　3．国際人事移転環境の整備（ワーキングビザ、所得税等）

◎製品別事業部制を解体し、事業ドメイン別組織体制へ再構築中であるが、
(グループ内での重複分野をなくすため)この成否が将来発展へのカギとなる。

　　　　　＊　＊＊＊＊＊　以上　＊＊＊＊＊＊

索　　引

用語	ページ
EVA™	66, 67, 68, 84, 104, 105
SPSS	48, 64
エンタープライズ・プロジェクト・マネジメント	43
ガイドライン	36, 37, 47, 52, 53, 54, 55, 61, 62, 63, 103
株主価値	40, 65, 66, 67, 77, 82
環境査定	119, 123
環境適合	43
完全子会社化	95, 106
完全事業部制	29, 92
カンパニー制	2, 4, 16, 17, 18, 19, 29, 33, 34, 45, 68, 69, 72, 84, 107
キャッシュフロー	20, 40, 51, 52, 66, 67, 69, 71, 75, 76, 77, 81, 84, 104
業績管理指標	65, 66, 69, 70, 72, 74, 78, 79, 81, 82, 83
業績評価	5, 7, 8, 14, 16, 19, 20, 24, 25, 40, 57, 60, 63, 68, 69, 70, 71, 72, 73, 81, 82, 84, 91, 97, 104, 105, 106, 109, 114, 117, 119, 125, 126, 142
均衡顧客分配価値	121, 122, 123
グループ管理	45, 66
グループ経営	1, 25, 45, 65, 87, 109
グループ内情報システム	8
グループ内の会計基準	5
グループ本社	5, 6, 7, 8, 24, 25, 42, 72, 78, 100, 102
経済的付加価値	66, 68, 70, 71, 77, 78, 79, 80, 81, 82, 83
コア子会社	13, 14, 15, 87, 89, 90, 91, 92, 93, 94, 95, 96, 97, 101, 102, 103, 104, 105, 106
コア事業会社	25, 40
交互作用	49

顧客価値 122
顧客分配価値 122
個別戦略 125
財務数値指標 71, 75
サブ・コンソリデーション 3, 4, 5, 24
Sub-Consolidation 3
シェアード・サービス 8, 25, 89
事業自体の業績評価 104, 106
事業評価 15, 20, 44, 71, 73, 75, 76, 77, 79, 104
事業持株会社 6, 19, 141
事業連結企業 27, 28, 29, 33, 34, 35, 36, 37, 39, 40
社内資本金制 4, 16, 17, 72
社内分社制度 16
集権化 45
純粋持株会社 6, 9, 11, 13, 18, 19, 33, 72, 87
上場子会社 91, 94, 95, 102, 103, 105, 106
情報システム基盤 105, 106
信頼区間 49, 50, 51, 52, 53, 54, 55, 56, 57, 58, 59, 60, 61
信頼率 46
推定値 49, 50, 51, 52, 53, 54, 55, 56, 57, 58, 59, 60, 61
製品事業別組織 24
セグメンテーション 2, 3, 4, 24, 42
セグメント化 2, 4
セグメント情報 2, 23, 24, 42
セグメントレベル 4, 5
Z 値 49, 50, 51, 52, 53, 54, 55, 56, 57, 58, 59, 60, 61
戦略的グループ経営 109, 110, 111, 114, 116, 120
組織業績評価 15, 60, 71, 73, 74, 75, 76, 77, 104, 106

対数オッズ比 49
対数線形モデル 48
多次元構造 42
中核会社 25, 154
中期事業計画 26, 27, 37, 47, 50, 51, 97, 98, 99, 105, 106, 125
積み上げ方式 47, 55, 56, 62
伝統的グループ経営 110
統合 2, 8, 40, 45, 57, 63, 95
バランスト・スコアカード 43, 68, 142, 175
販売統括機能 92, 93, 105
pearson 相関係数 48
非財務数値指標 68, 70, 71, 75, 77, 82, 83
非事業連結企業 27, 28, 33, 35, 36, 37, 39, 40
プロジェクト活動 43
プロジェクト・プログラム・マネジメント 43
分権化 13, 18, 34, 40, 45, 46, 66, 69, 70, 72, 78, 83, 84, 113, 121
分権型企業 70, 72, 78, 79, 80, 83
分権的統合 42
分散 40, 45, 46, 47, 48, 49, 50
分社化 1, 46, 48, 49, 50, 51, 52, 53, 54, 55, 56, 57, 58, 59, 60, 61, 62, 63, 66, 69, 88, 89, 91, 92, 93
ヘッドクォーター 25
母比率 46
本社機能 7, 8, 10, 12, 14, 17, 20, 34, 72, 78
マーケティング機能 92, 93, 105
マネジメント・アプローチ 23, 42
マネジメント・コントロール 7, 8, 23, 24, 25, 26, 31, 32, 33, 35, 42, 43, 44, 45, 84, 118, 119, 120, 123, 124, 125

目標精度 46
目標達成度評価 71, 82
モニタリング体制 37
有意水準 49
予算編成 27, 37, 97, 102, 103, 114, 119, 125, 126
予算目標 104, 105, 106
両側検定 49
連結経営 87, 112, 114, 116, 117, 119
ROI 67, 71
割り当て方式 47, 56, 57, 61, 62
連結財務諸表制度の見直しに関する意見書 88

〈編著者紹介〉

木 村 幾 也（きむら　いくや）

　専門分野：管理会計
　1989年～1998年　広島県立大学教授
　1998年～現在　　岡山商科大学教授

　主な著書
　『関係会社の管理と会計』（共著）税務研究会出版部，1975年
　『関係会社の会計,管理及び監査に関する実態調査』日本内部監査協会，1991年
　『関係会社管理会計』中央経済社，1993年

グループ企業の管理会計

平成17年3月30日　発行

編著者　　木　村　幾　也

発　行　　日本管理会計学会
　　　　事務局：〒346-8512　埼玉県久喜市下清久500
　　　　　　　　東京理科大学経営学部

発　売　　（株）税務経理協会
　　　　〒161-0033　東京都新宿区下落合2丁目5番13号
　　　　　　　電話　(03)3953-3301(編集部 峯村英治)
　　　　　　　Fax　(03)3565-3391
　　　　　　　URL http://www.zeikei.co.jp/
　　　　印刷・製本所　（株）冨山房インターナショナル

Ⓒ　木村幾也　2005　　　　　　　　　Printed in Japan

本書の内容の一部又は全部を無断で複写複製（コピー）することは，法律で認められた場合を除き，著者および出版社の権利侵害となりますので，コピーの必要がある場合は，予め当社あて許諾を求めてください。

ISBN 4-419-07001-3　C1063